LEIGOS E LEIGAS NA IGREJA E NA SOCIEDADE

Bases históricas, desafios e oportunidades de participação

PE. MARLOS AURÉLIO, C.Ss.R

LEIGOS E LEIGAS NA IGREJA E NA SOCIEDADE

Bases históricas, desafios e oportunidades de participação

EDITORA
SANTUÁRIO

Dados Internacionais de Catalogação na Publicação (CIP)
(Câmara Brasileira do Livro, SP, Brasil)

Aurélio, Marlos
Leigos e leigas na Igreja e na sociedade: bases históricas, desafios e oportunidades de participação / Pe. Marlos Aurélio. – Aparecida: Editora Santuário, 2018.

ISBN 978-85-369-0541-9

1. Leitores leigos – Igreja Católica 2. Ministério leigo – Igreja Católica 3. Palavra de Deus I. Título.

18-14685 CDD-262.8

Índice para catálogo sistemático:
1. Eclesiologia: Igreja Católica: Teologia 262.8

1ª impressão

Rua Padre Claro Monteiro, 342 – 12570-000 – Aparecida-SP
Tel: (12) 3104-2000 – Televendas: 0800 16 00 04
www.editorasantuario.com.br
vendas@editorasantuario.com.br

Às mulheres que concretamente edificam nossas comunidades eclesiais com seus dons e muita dedicação (animadoras, catequistas, cantoras, ministras, responsáveis da limpeza e ornamentação dos espaços, secretárias).

Aos homens que dispõem do seu tempo e de suas habilidades para ajudar nossas comunidades a cumprirem sua missão (animadores, catequistas, cantores, ministros, responsáveis pelas melhorias dos templos, gestores).

E a todos aqueles e aquelas que para além do ambiente eclesial testemunham sua fé em Jesus Cristo sendo profissionais competentes e idôneos; dedicados e zelosos pais e mães de família ajudando a construir uma sociedade mais justa e humana.

Deus lhes recompense por tudo!

SIGLAS

Revistas e Periódicos[1]

ACan	L'année Canonique
AnSoc	*Animazione sociale*
ChiSt	Chicago Studies
CivCa	*La Civiltà Cattolica*
Comm	*Communio*
Conc	Concilium
Conv	Convergência
CrSt	*Cristianesimo nella Storia*
EstEcl	Estudios Eclesiásticos
Greg	Gregorianum
LV.F	*Lumen Vitae (França)*
MD	*La Maison-Dieu*
NRTh	Nouvelle Revue Théologique
OrientPast	Orientamenti Pastorali
PMVbesp	Pro Mundi Vita Boletín (Espanhol)
PMVbfr	Pro Mundi Vita Bulletin (Francês)
PerspTeol	Perspectiva Teológica
QL	*Questions liturgiques et pastorales*

1 Há revistas que não têm número de volume, e por isso, elencamos seus respectivos números de fascículo (por exemplo *Convergência, Concilium* (P) e *Pro Mundi Vita*).

RAt	*Il Regno-Attualità*
RCI	*La Rivista del clero italiano*
RDC	Revue de Droit Canonique
REB	Revista Eclesiástica Brasileira
RF	*Razón y Fe*
RHDF	Revue Historique de Droit Français et Étranger
RTeolMor	Rivista di Teologia Morale
SEDOC	Serviço de Documentação
SelTeol	Selecciones de teología
SocComp	Social Compass
StCan	Studia Canonica
Suppl	Le Supplément

Dicionários, léxicos e enciclopédias

DCEVS	*Dizionario del Concilio Ecumenico Vaticano Secondo,* ed., S. Garofalo, Roma, 1969.
DEc	*Dizionario di Ecclesiologia*, ed., G. Calabrese, P. Goyret, O. F. Piazza, Roma, 2010.
DT	*Dizionario Teologico*, II; III, ed., H. Fries, Brescia, 1967; 1969.
EF	*Enciclopedia Filosofica*, VI, Roma, 1979.
EncF	*Encyclopédie de la Foi*, III, ed., H. Fries, Paris, 1966.
ETSM	*Enciclopedia Teologica Sacramentum Mundi,* ed., K. Rahner, II e VI, Brescia, 1974; 1976.
NDT	*Nuovo Dizionario Teologico*, H. vorgrimler, Bologna, 2004.

PL	*Patrologia Latina*, 50; 54, ed., J. P. Migne, Parisiis, 1863; 1881.

Outras siglas e abreviaturas

AA	Apostolicam Actuositatem: Sobre o Apostolado dos Leigos
AG	Ad Gentes: Sobre a Atividade Missionária da Igreja
ATI	Associazione Teologica Italiana
CD	*Christus Dominus*
CELAM	Conselho Episcopal Latino-americano/ Conferência Geral do Episcopado Latino-americano
cf.	confira
CERIS	Centro de Estatísticas Religiosas e Investigações Sociais
CDF	Congregação para a Doutrina da Fé
CNBB	Conferência Nacional dos Bispos do Brasil
CNL	Conselho Nacional dos Leigos
Coll.	Coleção
CTI	Comisión Teológica Internacional
DAp	Documento da V Conferência do Celam em Aparecida
DGAE	Diretrizes Gerais da Ação Evangelizadora
DH	Dignitatis Humanae: Sobre a Liberdade Religiosa
Doc	Documento
DV	*Dei Verbum*
Est	Estudos
et al.	alii (e outros)

EG	*Evangelii Gaudium*
EN	*Evangelii Nuntiandi*
GE	Gravissimum Educationis: Sobre a Educação
GS	Gaudium et Spes
Id.	o mesmo autor
Ibid.	mesmo autor e obra
IM	Inter Mirifica: Sobre os Meios de Comunicação Social
ISER	Instituto de Estudos da Religião
LG	*Lumen gentium*
NEP	Nota Explicativa Prévia
p.	página(s)
PC	*Perfectae Caritatis*
PdD	Povo de Deus
PO	Presbyterorum Ordinis: Sobre o Ministério e a Vida dos Presbíteros
SC	*Sacrosanctum Concilium*
ss.	seguintes
UR	*Unitatis Redintegratio*
Vat. II	*Concílio Vaticano II*

SUMÁRIO

II - A EVOLUÇÃO DA CONSCIÊNCIA ECLESIAL NA HISTÓRIA: DOIS ÍCONES ECLESIOLÓGICOS

III – DESAFIOS E OPORTUNIDADES PARA A PARTICIPAÇÃO DOS LEIGOS E LEIGAS NA IGREJA DO SÉCULO XXI

PREFÁCIO

Está em nossas mãos e à nossa disposição o livro do Pe. Marlos Aurélio: *Leigos e Leigas na Igreja e na Sociedade. Bases Históricas, Desafios e Oportunidades de Participação.* É um livro certo que chega na hora certa. A Providência guia a Igreja e concede a ela, a cada tempo, o que melhor lhe convém.

Estamos em pleno Ano do Laicato aqui no Brasil e, também, agraciados com a Carta do papa Francisco: "Chegou a Hora dos Leigos". Esta carta foi enviada ao Presidente da Comissão para a América Latina, Cardeal Marc Ouellet. Os leigos hoje são um sinal dos tempos. O livro de Pe. Marlos é mais uma luz a respeito da vida e missão dos leigos.

Nosso autor estudou a dimensão histórica do ensino teológico sobre os leigos e leigas na Igreja e no mundo, a partir dos modelos eclesiais de cada época, privilegiando o direito dos leigos de participar na vida e missão da Igreja, povo de Deus, onde a comunhão e a participação são um direito e um dever.

Pe. Marlos oferece uma oportunidade ímpar para a percepção a respeito da questão do laicato, que estava presente no Magistério e na teologia já bem antes do Concílio Vaticano II, e de que ainda há um longo caminho a percorrer neste assunto.

"Leigo, quem és tu?", "Qual é a tua história no pensamento e na vida do povo de Deus?", "Que pensas de ti mesmo?", "Que sabes sobre tua dignidade, identidade, vocação e missão?"; estas perguntas são necessárias e esperam respostas. Nosso autor consegue encontrar, na evolução do conhecimento teológico e na história dos Documentos da Igreja, as respostas a esses questionamentos e perguntas de todos nós.

Como é bom e saudável recordar, aprofundar e ensinar os nossos fiéis sobre o sacerdócio comum dos leigos; sobre Maria, a primeira leiga, e o perfil mariano da Igreja; sobre a unção do Espírito que permite aos leigos integrar o senso da fé no que tange à participação dos leigos na função sacerdotal, profética e régia de Jesus Cristo.

Já Pio XII afirmava em 1946: "Os fiéis leigos estão na linha mais avançada da Igreja. Graças a eles, a Igreja é o princípio vital da sociedade humana. Eles não somente pertencem à Igreja, eles são Igreja". Há situações no mundo e na sociedade em que o Evangelho pode ser ouvido e a Igreja fazer-se presente, unicamente, por meio dos leigos. Eles são embaixadores de Cristo e portadores de cidadania própria no povo de Deus. Não são cristãos inferiores, nem menos dignos, nem menos Igreja que os outros membros do povo de Deus. É comum a dignidade de todos os batizados, a saber: pela filiação divina, pelo seguimento de Jesus, pela vocação à santidade, pela comunhão recíproca, pelo mandato missionário.

É preciso que os leigos se conscientizem de sua dignidade de batizados, sempre em comunhão com os pastores que devem ter profunda estima e gratidão por eles. Na verdade, os leigos são a maioria no povo de Deus e a seu serviço está uma minoria: os que receberam o sacramento da Ordem. Foi a um leigo que Jesus ordenou: "vai e reconstrói a minha Igreja". Foi aos leigos e leigas das primeiras comunidades que Paulo Apóstolo escreveu: "vós sois minha alegria e minha coroa". Os primeiros no reino dos céus não são os ministros, mas os santos. Quantos leigos e leigas foram beatificados e canonizados! São sal da terra, luz do mundo, fermento da massa, ramos da videira.

Muitos leigos sentem-se católicos, mas não se sentem Igreja, por outro lado, temos leigos professores, políticos, juristas, médicos, psicólogos, comunicadores, artistas, sociólogos, militares. Sabemos, porém, que a maioria dos nossos leigos vivem sua fé no cotidiano da família, do trabalho, da vida social e eclesial, como também, no dia a dia, desde o nascer ao pôr do sol, sob a luz da religiosidade popular, santificando-se no altar do fogão, da vassoura, do bisturi, do trator, do computador, das máquinas, do volante.

O perfil do laicato é muito diversificado. Temos os leigos de "*submissão*" sempre obedientes às diretrizes da hierarquia. Já os leigos da "*contestação*" almejam uma Igreja mais profética e fiel ao Reino. A submissão e a contestação nem sempre são os melhores caminhos para a evangelização. Já os leigos da "*transformação*" propiciam o diálogo, a fidelidade à tradição e a abertura à dimensão social da fé.

O papa Francisco, na referida Carta ao Cardeal Ouellet, escreve que a respeito dos leigos não bastam frases bonitas e teorias, mas é preciso dar-lhes apoio, superar a centralização, abrir espaços, evitar o monopólio das decisões. Somos chamados a servir os leigos e não a servir-nos deles, escreve o papa.

O livro de Pe. Marlos, com certeza, contribuirá para a correta compreensão da dignidade, da identidade, da vocação e da missão dos leigos e leigas. Você leitor leia e divulgue esta obra que promete orientar, aprofundar e promover o laicato e sua ação no mundo e na Igreja.

Dom Orlando Brandes
Arcebispo de Aparecida

INTRODUÇÃO

A opção por desenvolver a temática do laicato pelo viés da participação se deve a três principais razões. A primeira é basicamente de natureza teológica, isto é, existe um princípio irrefutável que assegura a participação humana na vida divina, bem como o inverso seja também verdadeiro. Embora haja uma inquestionável e substancial diferença entre essas duas realidades, isso não elimina a relação intrínseca que se estabelece entre elas. Portanto, é teologicamente relevante afirmar que os seres humanos "tomam parte" (participam da) na vida divina. E isso adquire mais importância ainda pelo fato de esse axioma ontológico e de fé ter implicações diretas na vida cristã-eclesial. Em outras palavras, a grandeza teológica da participação é essencialmente ontológica, pois "pelo batismo nós somos introduzidos a uma participação na vida divina que, por sua vez, nos abre a uma participação na vida eclesial [...]".[1] Por isso, torna-se imprescindível resgatar e revalorizar esse conceito.

Ora, na supracitada interconexão está a segunda razão da nossa abordagem, que é mais de cunho eclesiológico. Ela prima por verificar como um princípio teológico, ou seja, uma proposição de fé que admite a participação humana na vida divina, incide na vida e na configuração eclesial. Em outros termos, o escopo é de identificar o grau de correspondência entre as

1 F. Moog, *La Participation des Laïcs à la Charge Pastorale*, p. 136.

bases teórico-teológicas e a Igreja instituída, mormente no que concerne à participação. A perspectiva crítico-histórica de análise fomenta e sustenta essa abordagem para que o estudo seja avaliativo e propositivo no quesito eclesial.

E a última razão se deve à consciência social que há tempos reivindica, por meio de diversos segmentos e movimentos, os meios para se garantir uma efetiva participação das pessoas nos vários setores da vida humana. Tal contexto não somente condiciona, mas questiona o modo de a Igreja se organizar e gerir suas estruturas e seus membros. E, embora ela conserve sua índole mistérica e não possa ser equiparada a uma instituição humana qualquer, lhe é reclamada sua atenção para os valores que são defendidos hodiernamente na grande sociedade. Porque a bem da verdade "Esta redescoberta da sinodalidade da Igreja encontra-se antes de tudo sobre uma renovação eclesiológica mais que sobre uma adequação da Igreja aos novos tempos".[2]

A importância do tema está no fato de que existe uma pluralidade de perspectivas com base nas quais se pode impostar o conceito de participação e das quais recolhemos tantas contribuições para uma intelecção mais ampla sobre ele. No entanto, neste livro a perspectiva teológica da fé cristã é a determinante. Portanto, ela é seu ponto de partida e se caracteriza por uma forte conotação ontológica, ou seja, participar significa tomar parte na vida divina. Essa é uma afirmação que remete ao princípio de fé que encontra eco no dinamismo do ato de crer dentro das comunidades cristãs ao longo da história. Assim, esta é a indispensável base que temos para desenvolver nossa reflexão eclesiológica. Pois a Igreja tem sua origem e fundamento na realidade divina e, por conseguinte, decorre daí sua missão no mundo em benefício da humanidade.

---

2 F. Moog, *La Participation des Laïcs à la Charge Pastorale*, p. 439.

Entretanto, a participação tem outra conotação fundamental na condição humana, pois ela toma diferentes formas históricas que percorrem as diversas culturas e os diferentes contextos e que envolvem os próprios modelos de Igreja. Assim, a pergunta sobre a participação numa perspectiva eclesiológica tem de ser necessariamente colocada num contexto de transformações históricas que possibilita verificar as opções e modos de organização humana. Em tal contexto, as formas históricas de participação passam por significativas mutações que parecem interpelar a construção do ser Igreja. Esses elementos tornam relevante a pergunta sobre como a Igreja pode desenvolver em seu seio a participação sendo fiel à sua origem.

Em suma, a tratativa dada a esse argumento se deve ao fato de que, uma vez admitido o princípio ontológico, irrenunciável à fé cristã, emergem possibilidades para se verificarem as implicações práticas que a ele se conectam, principalmente em perspectiva eclesiológica. Além disso, enquanto geralmente a participação se assemelha a algo óbvio em alguns âmbitos da vida humana, no campo teológico-eclesial carece de maior explicitação, precisão e determinação. Todavia, à medida que for devidamente resgatada em seu sentido peculiar e prospectivo tornar-se-á decisivamente importante também para a vida eclesial.

Em geral as abordagens teológicas feitas referindo-se ao tema da participação analisaram-no a partir do binômio consagrado em Puebla "comunhão e participação", evidenciando, sobretudo, a relevância da comunhão que é inegavelmente uma dimensão essencial da Igreja. Contudo, nos parece que faltou explorar mais tanto a conotação de participação como suas reais consequências para a vida eclesial.

Por sua vez, nosso intento foi de analisar em que consiste a participação, ou seja, de delinear os principais contornos desse conceito visando principalmente atingir sua acepção teológica. Pois é um termo para o qual cabem muitas definições, mas que podem obnubilar o essencial de seu significado. Além disso, sua importância e pertinência estão no fato de que sem participação não pode haver uma verdadeira comunhão eclesial.

Com base em uma compreensão mais precisa e fundamentada do conceito foi possível examinar algumas situações e contextos históricos que revelam alguns sinais e modos de participação na vida eclesial. Em suma, o que procuramos descrever foram algumas concreções históricas de participação na tradição eclesial com base em alguns modelos. Por fim, quisemos evidenciar, sobretudo, que o Vaticano II com sua proposta de "volta às fontes", ofereceu novo impulso na direção de uma Igreja mais participativa.

De modo que tratar da participação é como remexer na poeira que encobre um grande tesouro, pois, embora nem sempre explícita, ela esteve constantemente latente na Tradição e na vida eclesial. Por exemplo, em outros tempos e contextos, já houve quem se debruçasse a tratar desse assunto com base em outros ângulos e com outros argumentos, mas com o intuito de defender, em última instância, o mesmo princípio que é o da participação eclesial efetiva.[3] Por isso faz sentido pensar que

> Uma Igreja vertical, autoritária, centralizada terá cada vez menos chance em sociedade e cultura ciosas da dignidade de cada pessoa, de sua liberdade e consciência. O espírito de colegialidade foi incentivado pelo Concílio. Perdeu logo fôlego, por causa de surtos autoritários. Cabe retomá-lo com "novo ardor, novos métodos e nova expressão", parafraseando João Paulo II. Essa participação implica consciência do 'especial protagonismo do leigo', na linguagem de Santo Domingo (n. 293). Ele só se torna

3 Cf. G. Campanini, "Ruolo e Responsabilità dei Laici nella Chiesa", p. 10-16.

> real numa Igreja já não centrada no clero, mas no cristão fiel de espírito participativo.[4]

Portanto, com base nessas considerações preliminares, iremos na sequência expor os elementos que encontramos, sistematizamos, refletimos e projetamos à luz da participação a fim de haurir seu valor e riqueza, acreditando que, com isso, saberemos melhor afrontar os desafios e as perspectivas que surgem. E vale ressaltar que o que segue tem por escopo identificar modelos de participação presentes nas configurações eclesiais ao longo da História, ao invés de tentar meramente reconstruir uma história teológico-eclesial da evolução desse conceito.

Pois paulatinamente fomos aprendendo e nos dando conta que

> A "essência" teológica da Igreja é histórica: ela é o que *chega a ser* na história; e ela *se torna* de maneira sempre nova e surpreendente (*nos* acontecimentos históricos e *através* deles) o que é o seu mistério originário e originante. A história é, pois, o lugar onde toma corpo o mistério constitutivo que é a Igreja.[5]

Visto que a participação não é um valor absoluto (não tem "em si" a razão de sua inteligibilidade), mas uma realidade melhor entendida dentro de uma configuração histórica e de uma determinada concepção de Igreja. Mantendo-se o essencial desta ao longo da História, porém revestindo-se de formas variáveis em sua fenomenologia. Da Igreja se pode afirmar aquilo que define tão bem o ser humano como sujeito vivente, ou seja, ele é *semper ipse*, no entanto, *nunquam idem* (sempre o mesmo, mas nunca o mesmo).[6] Aliás, a Igreja sempre assumiu estruturas e

---

4 J. B. Libanio, "A Igreja que Sonhamos Construir", p. 790-791.

5 C. Palácio, "A Igreja na Sociedade. Para uma Interpretação da 'Consciência' e da 'Práxis' Atuais da Igreja no Brasil", p. 341. E cf. Y. Congar, "História da Igreja, 'Lugar Teológico'", p. 886-894.

6 Cf. J.-M. R. Tillard, *L'Eglise Locale. Ecclésiologie de Communion et Catholicité*, p. 316.

formas da sociedade civil de cada época. Por isso, não seria estranho se assumisse algo de nossas instituições atuais a fim de manter viva a pertinência da mensagem da qual é portadora.[7] Pois somos levados a admitir que

> Se a democracia é uma exigência da natureza humana, ao menos em uma fase determinada de sua evolução histórica, não pode ser indiferente para a Igreja [...] Ademais, existem muitas poucas coisas na constituição da Igreja que sejam *realmente* imutáveis, e que esta constituição divina na Igreja, sempre e inevitavelmente se dá em estruturas históricas concretas, que em si mesmas não são imutáveis.[8]

Sendo assim, visando obter mais que informações históricas e teológicas, verificaremos as concreções que perfazem o núcleo da fé cristã e se constituem a fisionomia da participação na Tradição. Obviamente existem outras fontes que poderiam nos ser úteis para esse resgate e delineamento histórico-eclesial. Porém, por razão de espaço limitar-nos-emos às fontes escriturísticas canônicas.[9] E, na sequência, comporemos um quadro diacrônico com algumas das principais etapas históricas que nos permitam individuar os modelos de participação dentro da *práxis* eclesial. Pois é sobejamente sabido que "concretamente, o cristianismo primitivo foi muito mais plural e conflitivo que o atual. Nem a perfeição cristã está no passado, como também a história da Igreja não é um mero processo de degradação e infidelidade. Em todas as épocas encontramos luzes e sombras, pecado e graça [...]".[10] Assim, dentro desse quadro teórico-referencial o período da Igreja antiga ou das primeiras comunidades cristãs goza de singularidade.[11] Todavia, "o

---

7 Cf. T. J. Reese, "Reformar el Vaticano. Lo que la Iglesia Puede Aprender de Otras Instituciones", p. 291-295.

8 K. Rahner, "¿Democracia en la Iglesia?", p. 197.

9 Cf. R. Penna, *Il DNA del Cristianesimo*, p. 49-52.

10 R. Aguirre, "Iglesia e Iglesias en el Nuevo Testamento", p. 14.

11 Cf. C. Palácio, "Da Autoridade na Igreja. Formas Históricas e Eclesiologias Subjacentes",

seu valor normativo não depende da sua maior proximidade às origens; ele reside na sua *apostolicidade*, isto é, no fato de ser expressão da tradição viva sobre Jesus".[12] No entanto, nossa incursão por esse período não será exaustiva nem idealista.[13] O certo é que ao tratarmos desse período não negligenciamos suas várias nuances.[14] E faremos isso por meio de dois macromodelos eclesiológicos. E nesse sentido é importante ressaltar que o modelo se fundamenta na estrutura histórica e não dogmática da Igreja.[15] Pois, comportam estruturas, práticas eclesiais/eclesiásticas e concepções teológicas. Restringiremo-nos ao campo teológico e, por isso, outros aspectos estarão somente pressupostos.

Enfim, para evitar que esse inventário histórico-teológico dos modelos pareça estar demasiado distante do atual contexto eclesial, concluiremos com os dois ícones conciliares que traduzem em modo mais tangível as configurações eclesiológicas mais recentes. Mormente, aquele relativo ao último concílio, que é referencial tanto para o resgate do conteúdo teológico eclesial de participação como campo para ulteriores avanços.

O último passo será fazer uma sucinta recapitulação em chave eclesiológica da pertinência da participação como elemento teológico que fundamenta e sustenta o direito do laicato de ser sujeito na Igreja. Abrindo-se assim um leque de desafios – que deverão ser afrontados –, mas igualmente de muitas oportunidades que aparecerão para tornar a participação mais efetiva e real.

---

p. 152-153.

12 C. Palácio, "A Originalidade Singular do Cristianismo", p. 325. Sobre o conceito de "cristianismo primitivo" e sua função de paradigma, cf. Id., p. 325-329 ou a respeito de "cristianismo das origens", cf. F. Vouga, *Il Cristianesimo delle Origini*, p. 22-23.

13 Cf. R. Farina, "La Chiesa Antica Modello di Riforma", p. 593-612.

14 Cf. J. Daniélou, "Cristianesimo Primitivo", p. 740-743.

15 Cf. P. C. Cipolini, "A Igreja e seu Rosto Histórico. Modelos de Igreja e Modelo de Igreja na Cidade", p. 825-853.

I

CONFIGURAÇÕES HISTÓRICO-
-ECLESIAIS DE PARTICIPAÇÃO

O percurso que faremos aqui é em vista de entendermos com mais propriedade e fundamentação histórica os processos de participação do laicato na Igreja. Qualquer afirmação ou interpretação que não contenha elementos teóricos que a embase corre sempre o risco de ser simplesmente "achismo". Todavia, é altamente válida e realista a advertência que nos faz o papa Francisco

> Um pai não se compreende a si mesmo sem os seus filhos. Pode ser um ótimo trabalhador, profissional, marido, amigo, mas o que o torna pai tem um rosto: são os seus filhos. O mesmo acontece a nós, somos pastores. Um pastor não se compreende sem um rebanho, que está chamado a servir. O pastor é pastor de um povo, e o povo deve ser servido a partir de dentro [...] Olhar para o Santo Povo fiel de Deus e sentirmo-nos parte integrante dele posiciona-nos na vida e, portanto, nos temas que tratamos, de maneira diversa. Isto ajuda-nos a não cair em reflexões que podem, por si só, ser muito úteis, mas que acabam por homologar a vida do nosso povo ou por teorizar de tal modo que a especulação acaba por matar a ação. Olhar continuamente para o Povo de Deus salva-nos de certos nominalismos declarativos (slogan) que são frases bonitas, mas não conseguem apoiar a vida das nossas comunidades. Por exemplo, recordo a famosa frase: "Chegou a hora dos leigos" mas parece que o relógio parou.[1]

Portanto, vamos alargar bem nossos horizontes de reflexão e reativarmos nossa memória a fim de tirarmos depois as consequências pertinentes para o nosso tempo. Afinal, é importante uma sintonia

1 Papa Francisco ao cardeal Marc Ouellet.

com o que acontece à nossa volta para não perdermos o eclodir do tempo kairológico que ultrapassa e subverte a lógica e a força da dimensão simplesmente cronológica, ainda que a possa pressupor.

1. Modelos eclesiais

Em eclesiologia o termo "modelo" se refere a uma categoria que tem origem nas ciências físicas e sociais. É assumido tanto em seu valor heurístico (explica as características essenciais da Igreja em contextos novos e diante de fenômenos próprios de cada época), como enquanto visibilidade social na qual se encarna a consciência histórica da Igreja.[2] O escopo aqui será de identificar a participação nas configurações eclesiais, por meio da metodologia tipológica dos "modelos" e de apresentar, quanto possível, os principais traços das concreções mais importantes na História.

Para tratar da Igreja em seu mistério é necessário fazer uso de analogias que nascem da experiência. São essas que fornecem os "modelos". Esses, por sua vez são diferentes de "aspectos" porque não podem ser integrados numa única visão sintética. Por essa razão, tem-se de considerar a diversidade de modelos.[3] Em vista do mesmo objetivo se poderia fazer uso também da categoria de "paradigmas", reconhecendo, porém, que não são capazes de resolver todas as questões.[4] No entanto, assumiremos para nossa análise a categoria de "modelos", sem excluir a interação com as demais quando assim se fizer necessário.

---

2 Cf. A. Dulles, *A Igreja e seus Modelos*, p. 21-24. Outras obras que tratam desse assunto: cf. H. Fries, "Modificação e Evolução Histórico-Dogmática da Imagem da Igreja", p. 5-59; V. Codina, "Tres Modelos de Eclesiología", p. 55-82; A. Quiroz Magaña, "Eclesiología en la Teología de la Liberación", p. 259-260; T. O'Meara, "Modelos Filosóficos en Eclesiologia", p. 80-91 e, especialmente, C. Boff, "Uma Análise de Conjuntura da Igreja Católica no final do Milênio", p. 125-149.

3 Cf. A. Dulles, *A Igreja e seus Modelos*, p. 5-10.

4 Cf. Ibid., p. 28; 31. Para esse propósito, cf. H. Küng, *Cristianesimo. Essenza e Storia*. Além dessas categorias evocadas, outra possibilidade seria a de "processo", cf. C. Palácio, "A Igreja na Sociedade", p. 341 [nota 46]. E, por fim, se pode analisar a realidade eclesial sob a categoria de "cenários", cf. J. B. Libanio, *Cenários da Igreja*.

Para isso faremos um breve *excursus* histórico, ou seja, uma tentativa de compor um quadro diacrônico a fim de individuar a participação dentro de uma visão panorâmica em vista de ulteriores conclusões.

No entanto, de antemão queremos renunciar a qualquer julgamento ou avaliação dos períodos históricos em questão. Ao invés, estaremos pressupondo as variantes socioculturais implícitas nas argumentações. Pois, se não consideramos isso, o risco é incorrermos em anacronismos. Geralmente, os autores mais modernos colocam perguntas que em um dado contexto histórico não eram feitas ainda. Portanto, o nosso objeto de análise, a participação, estará delineada dentro dos contornos socioculturais de cada época, ou seja, segundo a "consciência possível". Esta "indica a forma-limite: o máximo de conhecimento ou compreensão que um indivíduo, um grupo, uma classe social ou toda uma época podem alcançar sobre um problema, dados os condicionamentos que limitam sua visão. É o horizonte de conhecimento que não se consegue ultrapassar em dado momento cultural".[5] Em outros termos, trata-se da "consciência situada", pois toda consciência se dá dentro do seu contexto. Em nosso tempo ela se amplia, pois responde às reivindicações presentes que estão disseminadas nos vários segmentos sociais. Se tomamos concretamente a questão dos ministérios na vida da Igreja isso poderá se elucidar melhor, pois "Formas de teologia do ministério e práticas do ministério não se originam do vácuo. Há o espaço da *ecclesia* e também o espaço sociocultural e sociopolítico da sociedade na qual as Igrejas vivem e desenvolvem seus ministérios".[6] Nosso esforço se concentrará em

5 J. B. Libanio, *Introdução à Vida Intelectual*, p. 71-72.
6 E. Schillebeeckx, "Ministérios na Igreja dos Pobres", p. 828.

descobrir em meio aos diferentes paradigmas sociais a realização da participação.

Ademais, é imprescindível considerar que a consciência que a Igreja tem de si mesma é histórica, ou seja, acontece na História e é limitada e condicionada pelo contexto dentro do qual ela se insere. Sendo sobejamente sabido que "a influência das estruturas políticas ambientes foi, em todas as épocas, determinantes para a vida da Igreja".[7] Com base nisso "o perigo consiste em associar uma origem divina a formas específicas. É nesse erro que nós caímos, por exemplo, quando dizemos que a autoridade na Igreja é de natureza monárquica e não democrática. O modo de Cristo designar seu sucessor não é necessariamente normativo (caso contrário, cada papa teria que designar seu sucessor)".[8] Em cada época a Igreja tem de recriar sua identidade para se manter fiel à origem de seu mistério. Visto que "a identidade eclesial está em contínua gestação e que, portanto, não se constrói de maneira puramente linear mas de maneira dialética, suprimindo, depois de os ter integrado, os momentos precedentes".[9] Dessa maneira nenhum "modelo" coincide integralmente com a essência teológica da Igreja. No entanto, isso não significa ser impossível avaliar a maior ou menor correspondência do modelo com a sua essência. Portanto, conforme já acenado, a consciência eclesial pode ser captada pelos "modelos eclesiológicos" em um duplo sentido: teoricamente por meio de eclesiologias capazes de interpretar a situação eclesial (dimensão reflexiva) e em formas concretas de visibilidade eclesial na sociedade (dimensão estrutural).[10] Não há dúvidas da incidência do modelo eclesial sobre a ação pastoral.[11]

---

7 P. Eyt, "Vers une Église Démocratique?", p. 597.

8 F. Houtart, "Conflicts of Authority in the Roman Catholic Church", p. 317-318.

9 C. Palácio, "A Igreja na Sociedade", p. 342.

10 Cf. C. Palácio, "Da autoridade na Igreja", p. 157-158.

11 Cf. C. Floristán, "Modelos de Igreja Modelos de Igreja Subjacentes à Ação Pastoral", p. 787-795.

Visando tornar nossa apresentação didaticamente inteligível e delimitando-a ao nosso campo de interesse, utilizaremos dois dos principais modelos (macro) eclesiológicos. Eles se contrapõem em seus princípios. Porém, não deixamos de reconhecer que haja valores presentes em cada um. Portanto, no interior da mesma Igreja é possível identificarmos projetos em tensão. Na verdade, são projetos que compõem organicamente a mesma Igreja; mas estão em tensão.[12] Contudo, faz-se mister admitir que na prática eles se dão muitas vezes como fenômenos concomitantes, mas dialeticamente conflitantes. O projeto centralizador de Igreja não é algo somente conjuntural, transitório, mas reflexo de uma antiga estrutura histórica. Obviamente isso não impede que possam surgir conjunturas orgânicas, favoráveis à mudança na linha de um *modelo de participação*. Porém, esse projeto centralizador tende a reabsorver as novas iniciativas e a neutralizar seu caráter transformador (conjuntura recentralizadora). Contudo, apesar da *estrutura* histórica centralista da Igreja, sua natureza dogmática (bíblico-teológica) é constitucionalmente *communio/communitas fidelium*.[13] Porém, isso não exclui que em alguns momentos haja preponderância de características definidoras de um dos modelos. Por isso "Com todas as precauções e matizes que exige qualquer tentativa de generalização histórica é lícito afirmar que, se a eclesiologia do primeiro milênio cristão cresceu sob o sinal da *koinonia*, a eclesiologia do segundo milênio se desenvolveu sob o sinal da *auctoritas*".[14] Sendo importante precisar que: "Toda vez que falamos de *milênio*, não assumimos tal noção na acepção rígida de *milênio cronológico*, mas na acepção mais flexível de *milênio teológico* [...]".[15]

---

12 Cf. C. Boff, "Uma Análise de Conjuntura da Igreja Católica no Final do Milênio", p. 129-130.
13 Cf. C. Boff, "Uma Análise de Conjuntura da Igreja Católica no Final do Milênio", p. 130-131.
14 C. Palácio, "Da Autoridade na Igreja", p. 158.
15 C. Giraudo, *Num* só corpo, 2 [nota 2].

1.1 Modelo comunitário-participativo

Esse modelo remonta suas raízes às comunidades primitivas e caracteriza a vida eclesial do primeiro milênio; é denominado também de "modelo de *koinonia*". Pois é a partir dessa perspectiva que se contempla a totalidade da Igreja e se articulam as suas dimensões.[16] Essa preponderância não significa que o segundo milênio tenha carecido de *koinonia* eclesial. Todavia, o critério hermenêutico da nossa impostação é o conceito de participação; afinal ele é a *conditio sine qua non* para que haja realmente *koinonia*.[17] De modo que tal modelo é menos elaborado teoricamente porque ocorre mormente na *práxis* eclesial. Pode ser colhido e deduzido de algumas expressões vitais das comunidades cristãs. Assim, pressupondo a indubitável comunhão que nutria a vida da Igreja antiga, buscaremos evidenciar que essa é expressa em variadas formas pela participação. Portanto, principiar por esse modelo não denota que tudo esteja historicamente sistematizado, pois isso seria arbitrário demais. Por isso é apropriada a advertência de que

> é necessário estarmos atentos para não sobrepormos à documentação um pouco desarticulada, da qual dispomos, esquemas hermenêuticos próprios de sensibilidade mais recente. Por exemplo, o pressuposto weberiano de uma progressiva passagem de um estágio primitivo de natureza entusiástica, priva de estruturas para uma sucessiva fase rígida de institucionalização. Isso em vez de ajudar faz incorrer no risco de desviar-nos da compreensão adequada de uma situação histórica muito mais complexa.[18]

---

16 Cf. C. Palácio, "Da Autoridade na Igreja", p. 170; 173.

17 Para saber do antigo lastro desse modelo - o comunitário sinagogal, cf. E. Hoornaert, *A Memória do Povo Cristão*, p. 137-150 e H. Küng, *Cristianesimo. Essenza e Storia*, p. 75-105.

18 R. Penna, *Il DNA del Cristianesimo*, p. 257.

O essencial, porém, é que neste modelo "o centro articulador da consciência (autocompreensão) e da vida da Igreja não é a sua visibilidade institucional mas o mistério da sua realidade teologal [...] é decididamente a visão de Igreja como *mistério teologal* à luz do *mistério trinitário*".[19] Afinal, um dado tradicional presente em toda a patrística é "*a afirmação da 'ecclesia' como realidade primeira e fundamental.* O mistério da Igreja é o mistério da 'antropologia cristã' comunitária, isto é, o mistério pelo qual o dom da vida trinitária faz surgir o 'homem novo', o 'nós'-comunitário como sujeito primeiro da comunidade".[20] Essa teologia da Igreja como "nós" dos cristãos está baseada em um modelo trinitário completado e corrigido pela dimensão pneumatológica que é *fundamento da participação de todos* na construção do corpo de Cristo. Como pensavam os padres e a liturgia da Igreja.[21] Na esteira disso, o corpo eclesial primitivo era constituído indubitavelmente pelo batismo.[22] Neste modelo se torna explícita a possibilidade teológica da identidade eclesial que não descarta outras expressões, mas que desponta em sua total significância de novidade e peculiaridade.[23]

Finalmente, esse exercício de se reportar ao passado não significa querer meramente que se repitam as mesmas situações em nome da fidelidade à tradição, mas representa um resgate do sentido eclesiológico de base que está presente neste modelo. Em síntese, ocorre que este modelo goza de

> uma múltipla legitimação teológica e espiritual: a) tem base neotestamentária: representa o sonho de Jesus; b) segue a prática eclesial dos primeiros cristãos; c) foi a prática normativa e normal

19 C. Palácio, "Da Autoridade na Igreja", p. 171; 173.
20 Ibid., p. 173.
21 Cf. Ibid., p. 174-175.
22 Cf. E. Hoornaert, *A Memória do Povo Cristão*, p. 170.
23 Cf. C. Palácio, "A Igreja na Sociedade", p. 341 e M. Metzger, "Les Leçons de la Tradition", p. 9-10.

de toda a Igreja antiga; d) tem atrás de si o melhor do Vaticano II; e) é também o modelo mais adequado para os tempos modernos, sensíveis aos anseios de liberdade e participação (democracia).[24]

Porém, aqui está descartada qualquer legitimação do "mito historiográfico que vê o evento histórico da Igreja como uma progressiva decadência e um distanciamento crescente de Cristo e do Evangelho".[25]

1.1.1 A antiga tradição cristã da participação eclesial

Em vista de delinear a "tradição participativa", retrataremos as comunidades cristãs no período especialmente dos três primeiros séculos em sua vertente pós-apostólica. Sobre esse período, pode-se assentir que:

> as funções de todos eram concebidas em termos de serviço, e não a nível de uma "aritmética de poderes"; não se tinha caído ainda na tentação de isolar a autoridade da comunidade. A cristianização do Império não havia ocorrido ainda nem tinha surgido a *Reichskirche*, a Igreja do Império, que haveria de afetar necessariamente as relações entre os distintos estamentos da sociedade cristã. A cristandade seguia sendo praticamente urbana, Igreja por cidade, e não havia ocorrido ainda a pulverização do presbitério, que se fará necessária, depois da paz de Constantino, para atender pastoralmente aos pagãos que abraçarão o cristianismo. Por tudo isso os sinais da *comunhão* e da *corresponsabilidade* na época antenicena são mais sensíveis e diáfanos, porque em uma escala mais humana e sem excessivas complicações jurídicas, com o frescor da espontaneidade de uma vida que se abre.[26]

---

24 C. Boff, "Uma Análise de Conjuntura da Igreja Católica no Final do Milênio", p. 148.

25 G. Cottier, "Quella Percezione della Chiesa come 'Luce Riflessa' che Unisce i Padri del Primo Millenio e il Concilio Vaticano II", p. 57.

26 I. Oñatibia, "La Corresponsabilidad en la Iglesia de los Tres Primeros Siglos", p. 206 [destaque nosso].

Nesse período prevaleceu uma preocupação de toda a Igreja por todos. "O primeiro dever da Igreja, isto é, sua função essencial de comunicar aos homens a vida e a salvação, pertence a todos os crentes sem exceção, independentemente de uma determinada posição ou situação pessoal. A atividade pastoral é, sobretudo, uma questão de toda a Igreja".[27] Acima de tudo, nota-se que "uma autoridade eclesial isolada e consistente em si mesma é um conceito que não cabia nesta época [...]".[28] Embora seja inegável a gradativa consolidação da "hierarquia" na Igreja. Contudo, a estruturação organizacional que se desencadeou a partir do II século não permite "representar a comunidade como um bando de ovelhas mudas, conduzidas pelo cajado do bispo".[29]

Posto isso, malgrado não se possa romantizar ou idealizar esse período, irrefutavelmente se deve admitir a prevalência do sentido comunitário, isto é, do protagonismo das comunidades por meio do seu consentimento na tomada de decisões.[30] Além disso, os fatos atestam que existia a convicção de busca pela unidade, porém jamais em detrimento da pluralidade, ou seja, sabia-se que: "Unidade não significava uniformidade centralizadora".[31] De modo que, nesse quadro "depois dos anos 70 da era cristã, ainda estamos longe da uniformidade na estrutura social da Igreja [...] Mas a tendência é a concentração dos ministérios nas mãos dos notáveis locais. Os nomes e os ofícios dos ministros ainda variam de lugar para lugar: pastores, dirigentes, presbíteros, bispos, diáconos [...] Na maioria das igrejas o princípio monárquico ainda não era admitido. Geralmente, muitas pessoas exerciam

---

27 I. Oñatibia, "La Corresponsabilidad en la Iglesia de los Tres Primeros Siglos", p. 208.
28 R. Velasco, *A Igreja de Jesus*, p. 108 e cf. H. Küng, *Cristianesimo. Essenza e Storia*, p. 215.
29 A. Hamman, *La Vie Quotidienne des Premiers Chrétiens (95-197)*, p. 139.
30 Cf. R. Velasco, *A Igreja de Jesus*, p. 119-120.
31 A. Hamman, *La Vie Quotidienne des Premiers Chrétiens*, p. 150.

juntas a autoridade de liderança e de doutrina, dividindo as tarefas entre si".[32]

E em alguns textos antigos se pode igualmente identificar expressões que dão margem para se pensar a participação eclesial. Iniciamos pela *Didaché*, obra escrita no final do século I e contemporânea de outros textos neotestamentários tardios. O dado relevante que colhemos desse documento é que não havia clareza e distinção explícita sobre os ministérios utilizando-se uma terminologia sacerdotal para os profetas. Lá se pode ler: "para os dar aos profetas, pois eles são vossos grandes sacerdotes". Ademais, afirma-se: "deixe os profetas renderem graças tanto quanto eles queiram".[33] Ora, isso pode ser tomado como uma referência que são os profetas provavelmente que presidem a celebração da Eucaristia. Havia a consciência que é toda a comunidade cristã quem celebra a Eucaristia tendo obviamente alguém que a preside. Porém, sem aquela conotação que adquirirá depois com o surgimento do "clero".[34] Portanto, havia participação de todos os fiéis na atividade cultual da Igreja em razão do sacerdócio comum sem nenhum tipo de clerilização do culto. De modo que a Igreja antiga considerava como sujeito integral da ação litúrgica toda a comunidade e não somente os clérigos.[35] Tanto que "a Igreja do Oriente deixa ampla margem para a criatividade, à improvisação. Ela fixou tardiamente sua liturgia. Seu pensamento está em perpétua gestação".[36] Enfim, o NT em nenhuma passagem afirma explicitamente quem presidisse a Eucaristia (At 13,1s.? talvez).[37]

32 H. Hauser, *L'Église à l'Âge Apostolique*, p. 163-164.
33 *La Doctrine des Douze Apôtres*, [XIII, 3], p. 191; Ibid., [X, 7], p. 183.
34 Cf. A. Faivre, *Os Leigos nas Origens da Igreja*, p. 46-48.
35 Cf. Y. M.-J. Congar, "L' 'Ecclesia' ou Communauté Chrétienne, Sujet Intégral de l'Action Liturgique", p. 241-282.
36 A. Hamman, *La Vie Quotidienne des Premiers Chrétiens*, p. 149.
37 Cf. E. Schillebeeckx, *Per una Chiesa dal Volto Umano*, p. 85.

Posteriormente, contudo, foram introduzidas mudanças. Os profetas foram substituídos pelos bispos. Os profetas foram substituídos pelos bispos e diáconos, isto é, passou-se da direção carismática dos profetas para a dos ministros escolhidos. Isso é evidente ao se ler: "Elejam bispos e diáconos dignos do Senhor [...]".[38] No entanto, a palavra grega χειροτονεῖν não tem aqui o sentido técnico de ordenar. Além disso, o plural utilizado mostra que existia mais de um bispo e, portanto, havia um órgão colegial. Contudo, "a escolha dos dignatários está manifestamente nas mãos da comunidade".[39] Em seguida se lê: "Não os despreze; pois eles estão entre vós como aqueles que são honrados da mesma forma que os profetas e os doutores".[40] Portanto, "o texto (15,2) revela indiretamente que a instalação desta nova hierarquia não ocorreu sem contestação. E também confirma a este respeito que o capítulo 15 pertence ao período no qual a hierarquia local substitui gradualmente o ministério itinerante dos primeiros tempos do Cristianismo".[41] De modo que na *Didaché* transparece a existência de dois "sistemas", ou seja, de ministros carismáticos (apóstolos, profetas e doutores) e ministros (bispos e diáconos) eleitos.[42]

E como reflexo do contexto descrito antes se encontra nos padres dos três primeiros séculos a concepção eclesiológica de *Ecclesia Mater* para indicar a comum responsabilidade dos cristãos na transmissão da fé. Aliás a Igreja antenicena se caracterizava e se inspirava nessa ideia eclesiológica.[43] A importância eclesiológica disso estava em se entender que "É toda a *ecclesia* que exerce a

38 *La Doctrine des Douze Apôtres*, [XV, 1], p. 193.

39 R. Schnackenburg, "Participação da Comunidade por Consenso e Eleição no Novo Testamento", p. 864. Também cf. J. A. Estrada, *Para Compreender como Surgiu a Igreja*, p. 241-242.

40 *La Doctrine des Douze Apôtres*, [XV, 2], p. 195.

41 W. Rordorf – A. Tuilier, "Introduction", p. 72-73.

42 Cf. J. Gnilka, *I Primi Cristiani*, p. 353.

43 Cf. K. Delahaye, *Ecclesia Mater chez les Pères des Trois Premiers Siècles*.

maternidade espiritual por sua caridade, sua unidade, sua oração, sua penitência; é ela que é o sujeito verdadeiro e adequado das ações santas e santificantes [...] A liturgia antiga não conhecia o 'eu' separado do 'nós' comunitário [...]".[44] É com base nessa consciência eclesial que não há espaço para um dualismo, isto é, de um sujeito e um objeto na ação da Igreja. Na verdade, todos estão envolvidos igualmente na difusão do evangelho sem que existam classes diferenciadas qualitativamente de cristãos.[45] De tal forma que é lapidar a afirmação contundente de Congar "De fato, todo o povo eclesial, e especialmente os leigos, interviam nas eleições dos bispos e na designação dos ministros, nos concílios para levar informações, enfim, na criação de costumes pelos quais as comunidades regulavam amplamente suas próprias vidas. A eventual intervenção delas era ainda mais bem-vinda porque, embora bem estruturada canonicamente, a antiga Igreja queria ser dócil às intervenções do Espírito Santo. Ora, Deus se agrada de fazer conhecida sua vontade pelos pequenos ou menos considerados".[46]

Outro contexto e escrito nos quais transparece algo de importante está relacionado com *Clemente de Roma* (final do I século). Sendo previamente necessário observar que: "A carta é, pois, a expressão dos chefes da comunidade romana, mesmo que seu estilo e sua substancial unidade levem a pensar na obra de um só autor, que poderia ter sido realmente um Clemente, membro importante daquela igreja, mesmo que não fosse o 'papa', pelo fato de que naquele tempo a igreja romana era dirigida por um colégio de presbíteros/epíscopos".[47] No episódio da deposição de alguns presbíteros da comunidade de seus ofícios por alguns

44 Y. Congar, "Le Développement Historique de l'Autorité dans l'Église", p. 152-153.
45 Cf. I. Oñatibia, "La Corresponsabilidad en la Iglesia de los Tres Primeros Siglos", p. 209-210.
46 Y. Congar, "Le Développement Historique de l'Autorité dans l'Église", p. 153.
47 C. Moreschini – E. Norelli, *Manual de Literatura Cristã Antiga Grega e Latina*, p. 58.

"mais jovens" é conveniente destacar o argumento utilizado de que tal ação era ilegítima porque aqueles presbíteros haviam sido escolhidos por toda a comunidade. Na carta se afirma expressamente que a Igreja aprova: "aqueles que foram estabelecidos por eles, ou depois por outros homens eminentes, com a aprovação de toda a Igreja [...] nós consideramos injusto removê-los de suas funções".[48] Interessante notar que os presbíteros/bispos, junto com os diáconos, são os verdadeiros sucessores dos apóstolos.[49] Portanto, "não aparece em absoluto aqui a nomenclatura muito posterior de um bispo monárquico rodeado de seus presbíteros e secundado pelos diáconos. Por outro lado, é delineada uma direção colegial das comunidades, exercida por presbíteros e diáconos, com missões complementares, e uma função mais pessoal confiada a um único coordenador para as diversas comunidades estabelecidas em um determinado território ou província".[50]

De tal modo, tudo isso aponta para a *práxis* que existia então e a consciência eclesial presente era de que "havia sido espalhada sobre todos uma abundante efusão do Espírito Santo".[51] Por conseguinte, a própria comunidade teria de decidir o que deveria ser feito. Malgrado todo apelo que se faz à obediência e defesa da nova ordem eclesiástica.[52]

Muito comumente *Inácio de Antioquia* (II século) é considerado como expoente de uma tendência eclesiológica centralizadora e monárquica. Afirmando-se que ele "vai além dos ideais mais democráticos de Paulo quando recomenda uma ordem hierárquica para as funções da igreja. Por isso, ficou conhecido como o primeiro defensor de um 'episcopado monárquico', embora

48 Clemente de Rome, *Épître aux Corinthiens,* [XLIV, 3], p. 173.
49 Cf. Ibid., [XLII, 4], p. 169-171 e [XLIV, 4-5], p. 173-175.
50 J. Ríus-Camps, "Diversificación de los Ministerios en el Área Siro-Helenística", p. 89.
51 Clemente de Rome, *Épître aux Corinthiens,* [II, 2], p. 101-103.
52 Cf. *Épître aux Corinthiens,* [LIV, 2], p. 187.

esse termo seja muitas vezes mal interpretado como implicando a instituição de uma função elevada com poderes ilimitados".[53] E, em geral, quando Inácio escreve para as igrejas se dirige ao bispo, mas Roma representa exceção disso. Assim, "esta omissão levou à hipótese de que Roma foi uma das igrejas que manteve por mais tempo o poder colegial do que outras".[54]

No entanto, faz-se mister considerar também que "o termo 'episcopado monárquico', comumente usado para descrever o episcopado de Inácio de Antioquia, é inapropriado".[55] De modo que é possível visualizar outra imagem sua no conjunto de seus escritos (criticamente analisados), sobretudo quando o enfocamos sob o prisma de defensor da unidade, pois isso irá pressupor a participação. Certamente as controvérsias em torno do seu pensamento se devem a fatores histórico-hermenêuticos. A possibilidade de interpolação nos seus escritos originais explicaria a ênfase dada à submissão, reverência e similares. Pois, essas cartas reelaboradas apresentam um modelo eclesial com base no episcopado monárquico ou monoepiscopado. Ora, o que comprova justamente a inautenticidade de tais textos é que esse tipo de episcopado é completamente anacrônico a Inácio. Há vários exemplos de acréscimos ao texto original.[56] Nesse sentido, curiosamente "a maioria das citações de Inácio apresentadas na constituição conciliar *Lumen gentium*, por certo muito numerosas, foram tomadas de passagens que consideramos interpoladas".[57] No entanto, isso não significa que seu pensamento seja adaptável a qualquer circunstância. Existe um critério inegociável na lógica de seus princípios que

53 H. Koester, *Introdução ao Novo Testamento*, p. 304.
54 R. B. Eno, "Shared Responsability in the Early Church", p. 131.
55 T. L. Nichols, *That All May Be One*, p. 99.
56 Cf. J. Ríus-Camps, "Diversificación de los Ministerios en el Área Siro-Helenística", p. 101-106.
57 J. Ríus-Camps, "Diversificación de los Ministerios en el Área Siro-Helenística", p. 111.

é a comunhão que une e envolve toda a comunidade cristã. Por conta disso ele escreveu:

> Tenha cuidado, portanto, de participar senão de uma só Eucaristia; pois há apenas uma carne de nosso Senhor Jesus Cristo, e um cálice para nos unir em seu sangue, um altar, um bispo com o presbitério e os diáconos, meus companheiros de serviço; assim, o que quer que você faça, você o fará de acordo com Deus.[58]

De modo que, ao mesmo tempo que há o enaltecimento da pessoa do bispo, se atribui também valor ao conselho – o presbitério.[59] Sendo assim, é imprescindível destacar dessa breve referência feita acima que

> para o bispo de Antioquia, o colégio apostólico é o presbitério local. Os presbíteros compartilham com o bispo sua missão de reger o povo de Deus e lhe estão sujeitos na obediência. Por sua parte, o bispo conta em tudo com eles, que são seu conselho e senado. Nada é mais estranho ao pensamento de Santo Inácio que a figura do bispo isolado, que, como um senhor feudal trancado em seu castelo, trabalha para si mesmo; ou a figura de uns presbíteros franco-atiradores que atuam independentemente. Santo Inácio afirma uma complementaridade que está escrita na própria natureza dessas funções ao serviço da Igreja.[60]

Por outro lado, pondera-se também que "os adversários de Inácio – que, como o mostram diversos indícios, são carismáticos e praticam o êxtase – resistem a um processo de concentração da autoridade sobre as diversas comunidades de Antioquia em mãos de um só epíscopo [...]".[61]

---

58 Ignace D'Antioche, *Lettres aux Philadelphiens*, [IV], p. 123.
59 Cf. Id., *Lettres aux Smyrniotes* [VIII, 1], p. 163; Ibid., [XII, 2], p. 167.
60 I. Oñatibia, "La Corresponsabilidad en la Iglesia de los Tres Primeros Siglos", p. 217.
61 C. Moreschini – E. Norelli, *Manual de Literatura Cristã Antiga Grega e Latina*, p. 59.

Outro expoente significativo é *Cipriano* (III século), embora seja também mais evocado como aquele que ressalta a importância dos dirigentes da Igreja. Porém, se vê que ele reconhece igualmente a relevância da ativa participação de todos os cristãos nos atos decisivos e capitais da vida eclesial. Ele afirma de si, escrevendo aos presbíteros e diáconos de Cartago, que "desde o início do meu episcopado, decidi não tomar nenhuma resolução por minha conta, sem vosso conselho e o consentimento do meu povo".[62] Assim, do conjunto de seus escritos, transparece claramente seu contínuo propósito de levar em conta a participação de todos na condução da vida eclesial. Ele mostra a importância da corresponsabilidade dentro da igreja local. Exemplo disso: a ocasião do grave problema dos apóstatas na perseguição de Décio e que esteve vacante a sede romana. A condução da igreja foi assumida com espírito participativo pelo presbitério de Roma.[63] E existem outras preciosas passagens que demonstram a sensibilidade de Cipriano em considerar o parecer alheio como importante para a tomada de uma decisão. Ele valoriza sobretudo a participação popular.[64]

Portanto, não há como negligenciar a sua posição favorável e decidida em relação à participação. Aliás, esse modo de agir constitui o seu critério de governo. Dirigindo-se aos presbíteros e diáconos sentencia:

> Isto é o que convém à moderação, à disciplina, à mesma vida de todos nós; que os chefes se reúnam com o clero, na presença também do povo que permaneceu firme, e que deve ser honrado por sua fé e temor a Deus, e assim possamos decidir todos os assuntos com o escrúpulo de uma deliberação conjunta.[65]

62 Cipriano, *Obras de San Cipriano*, Cartas [XIV, 4], p. 412.

63 Cf. I. Oñatibia, "La Corresponsabilidad en la Iglesia de los Tres Primeros Siglos", p. 218.

64 Cf. Cipriano, *Obras de San Cipriano*, Cartas [XXXIV, 4,1], p. 468; Cartas [LXIV, 1,1], p. 614-615; Cartas [LIX, 15,3-4], p. 582; Cartas [XVI, 4,2], p. 419.

65 Cipriano, *Obras de San Cipriano*, Cartas [XIX, 2,2], p. 425.

E posição similar transparece quando os presbíteros e diáconos de Roma, aprovando a prática da igreja de Cartago com Cipriano à frente, escrevem afirmando:

> Mesmo que, em um negócio tão sério, aprovemos o que vós mesmos determinastes: que primeiro deve ser aguardada a paz da Igreja, depois deve se regular o negócio dos *lapsi*, uma vez que foram consultados o parecer dos bispos, presbíteros, diáconos, confessores e também os leigos que permaneceram fiéis. Quão odioso, de fato, e quão pesada é a carga que devemos examinar, não por muitos, o que muitos cometeram e pronunciar uma só sentença, quando consta que tão grande delito se difundiu entre muitos, porque não pode ter grande força uma decisão que não parece ter reunido o voto de grande número.[66]

Assim, a análise do seu pensamento e ação nos permite ponderar que

> Cipriano defendeu uma eclesiologia baseada em dois princípios dialéticos: o primado do bispo individual e a unidade da Igreja, mantidos juntos por Deus e pelo Espírito. O princípio organizacional principal em tal eclesiologia era o sínodo ou o concílio; se a vontade da comunidade e a vontade de Deus coincidissem, era importante realizar concílios para determinar o que era a vontade da comunidade [...] Para Cipriano, o bispo não está sobre a igreja, mas dentro da igreja, como eleito representante e líder divinamente consagrado. Ele opera pelos princípios de participação e consenso, não de domínio.[67]

Enfim, acreditamos que desse conciso inventário tenha sido possível identificar mais algumas expressões e práticas participativas presentes nos primeiros tempos da vida eclesial cristã.

---

66 Ibid., *Obras de San Cipriano*, Cartas [XXX, 5,3], p. 451-452.
67 T. L. Nichols, *That All May Be One*, p. 102.

E, nesse sentido, uma instituição eclesial que expressava bem o direito dos leigos na vida da igreja era a chamada *Seniores laici* ou presbíteros leigos na Igreja do Norte da África. Essa instituição de certo modo se assemelhava ao que era o colégio dos presbíteros e, por isso, era tida como "senado de leigos". Esses tomavam parte na administração da propriedade das igrejas e às vezes exerciam até mesmo autoridade de natureza judicial e disciplinar (advogados da igreja em ações judiciais); atuavam no controle da autoridade dos bispos; eram tesoureiros das igrejas locais.[68] Assim, de todo esse conjunto pode-se deduzir que "se não se pode dizer simplesmente que toda a comunidade faz as leis, deve-se admitir que, do ponto de vista patrístico, faltava a força de lei se a comunidade inteira não tivesse sido a primeira a ser informada e consultada".[69] Ora, tudo isso parece manter perfeita consonância e continuidade com a tradição e a experiência neotestamentária.[70]

1.1.2 O diferencial da caridade cristã[71]

Geralmente se atribui como causa da expansão do Cristianismo nos primeiros séculos: o martírio de tantos cristãos, a santidade dos seguidores de Jesus, os milagres ocorridos, a evangelização. Nada disso é sem importância, sobretudo a evangelização do mundo antigo que aconteceu fundamentada no testemunho e irradiação das primeiras comunidades. Pois, havia a consciência que todos os batizados deviam participar

---

68 Para melhor saber sobre sua natureza e história, cf. R. B. Eno, "Shared Responsability in The Early Church", p. 134-136.

69 R. B. Eno, "Shared Responsability in The Early Church", p. 137.

70 Cf. Y. Congar, "La Collégialité de l'Épiscopat et la Primauté de l'Évêque de Rome dans l'Histoire", p. 406.

71 Embora com algumas adaptações, utilizamos esse excelente artigo como fonte inspiradora, cf. E. Hoornaert, "As Comunidades Cristãs dos Primeiros Séculos", p. 81-95.

da missão profética da Igreja. E eram os leigos especialmente a darem a primeira instrução básica aos chamados à fé cristã e a lhes servirem de guia. "Foram também leigos, como São Justino e Taciano, os fundadores das primeiras escolas cristãs para adultos, das quais temos notícias".[72]

Contudo, bastante determinante foi a formação de uma rede associativa capaz de cobrir uma vasta área social que era negligenciada pela administração romana. Por meio disso o Cristianismo representou um combate organizado pelo direito das pessoas excluídas da sociedade romana. Portanto, o êxito do Cristianismo no decorrer do século II se deveu à sua opção por um eficiente serviço de hospitalidade nas grandes cidades aos "estrangeiros" ou *paroikoi* (gente sem-terra, sem cidadania, sem posição social reconhecida – daí o termo paróquia – lugar de função social das comunidades cristãs) e o bispo cristão era o hospedeiro por excelência; alimentos eram levados para viúvas e órfãos necessitados; havia também o caixa comunitário para atender as necessidades básicas dos pobres; cuidados pelos doentes (sobretudo em tempos de calamidades e pestes), presos (não somente visitas, mas resgates por meio de pagamento) e mortos (sepultamento digno); apoiavam-se moralmente frente às hostilidades que sofriam etc.[73]

E um dos meios utilizados para se contrapor ao submundo imperial foi de aproveitar do direito legal que era concedido para formar a associação autônoma, chamada colégio ou *confraternitas*. Os cristãos aderiram a essas estruturas para as grandes cidades e as inovaram no modo interno de organizá-las. Ao

72 I. Oñatibia, "La Corresponsabilidad en la Iglesia de los Tres Primeros Siglos", p. 212.

73 Sobre a caridade prestada pelas igrejas antigas e seus destinatários cf. A. Hamman, *La Vie Quotidienne des Premiers Chrétiens (95-197)*, p. 153-173. E quanto ao bispo como *pater populi*, cf. J. Comblin, "Origem e Figura do Bispo na Tradição Eclesial", p. 65-66.

invés da exclusividade machista dos colégios pagãos, os cristãos promoveram e organizaram a criação de colégios femininos. Ademais, revolucionaram também no que concerne os cemitérios que não se limitavam a seus pares, mas que admitiam o enterro de pagãos. Por fim, em substituição à tradicional opulência dos banquetes que eram organizados periodicamente, os cristãos passaram a se distinguir pela simplicidade e fraternidade. De tal modo que "os *collegia* conservavam, pelo menos, a aparência de um regimento interno de tipo democrático, pois na sua organização e nos procedimentos eletivos e deliberativos imitavam o modelo da *polis* clássica".[74]

A partir desse conjunto de ação caritativa e social a comunidade cristã representou um "porto seguro" não somente para os cristãos como também para os pagãos. A Igreja antiga tinha consciência de ser um "corpo de caridade".[75] A motivação essencial e primeira para realizar tais obras era religiosa, pois o Cristianismo antigo não se constituiu em um movimento secularizado, mas humanizador e inclusivista. Essas práticas perduraram por muito tempo, pois ainda no século IV o imperador Juliano recomenda que as autoridades civis façam o mesmo a fim de conter a expansão e prestígio do Cristianismo entre os pobres. Portanto,

> o sentimento de pertença adquirido pela participação na comunidade cristã, juntamente com a experiência do amor mútuo que se praticava nela, foi uma das maiores causas para a afirmação do Cristianismo: abraçá-lo "era a única maneira possível de conservar o respeito de si e de dar à própria vida uma aparência de significado".[76]

74 W. A. Meeks, *I Cristiani dei Primi Secoli*, p. 215. Para um paralelo entre a associação voluntária e os grupos cristãos, cf. Ibid., p. 212-219.

75 Cf. I. Oñatibia, "La Corresponsabilidad en la Iglesia de los Tres Primeros Siglos", p. 216.

76 R. Penna, *Il DNA del Cristianesimo*, p. 241-242.

Enfim, isso tudo explicita o quanto os cristãos das primeiras comunidades cultivavam as relações humanizadoras entre si e com as demais pessoas. "Fora das grandes metrópoles, sobretudo em Roma, as igrejas valorizam a dimensão humana; pastores e fiéis se conhecem pessoalmente e juntos formam uma única família na qual as funções e os ministérios são diferentes, mas ao serviço do mesmo Senhor".[77] E os fundamentos da vida eclesial e de fé eram afirmados buscando o consenso e esclarecimento comunitário que envolvesse a todos(as). Portanto, a vitalidade eclesial e doutrinária se mantinha com a participação aberta da comunidade dos crentes sem ter com isso a conotação de falta de consistência ou de seriedade na ortodoxia. A divergência e o conflito não significaram para a Igreja antiga um problema, mas uma oportunidade para se manifestar o próprio ponto de vista dentro de um clima de liberdade e fraternidade, sobretudo por meio dos concílios.[78]

1.1.3 Eleições dos dirigentes eclesiásticos

Ao adentrarmos nesse tema, que nos reporta a uma antiga tradição da Igreja, temos de ter muita cautela a fim de entender bem a questão, pois

> neste assunto, também devemos ter cuidado com o anacronismo. Seria enganador pensar na eleição dos bispos nesta era em termos de postos de votação e contabilização de cédulas. O consentimento das pessoas geralmente era dado gritando sua aprovação, ou, para usar o termo técnico, por aclamação. Estes gritos eram comuns em reuniões públicas e uma boa ilustração pode ser encontrada nas cartas de Agostinho.[79]

---

77 A. Hamman, *La Vie Quotidienne des Premiers Chrétiens (95-197)*, p. 139.
78 Cf. L. Meulenberg, "A Discussão Aberta na Igreja Antiga", p. 16-31.
79 R. B. Eno, "Shared Responsability in The Early Church", p. 138.

De qualquer modo é impossível tratar da participação eclesial sem fazer referência às eleições na Igreja. Há excelentes obras que abordam com profundidade esse assunto.[80] Porém, aqui não vamos abarcar todos os contornos teológicos da questão, aludiremos sobre a exemplaridade de "uma eclesiologia orgânica, na qual a participação de uma Igreja na escolha de seu bispo aparece como uma exigência de estrutura".[81] Há quem faça uma sutil distinção ao discorrer sobre as eleições.[82] No entanto, *grosso modo,* ao nos referirmos à participação nas eleições, deve-se considerar implicados fiéis e presbíteros. Em contextos variados, eles atuavam não somente na escolha dos bispos, mas também na realização de sínodos e na reconciliação dos penitentes.[83] O interessante de tudo isso é que "o método de eleição podia diferenciar de uma igreja para outra, mas o princípio de consulta popular permanece sempre válido".[84]

Ora, por estarem fundamentados em uma eclesiologia de comunhão, os ministérios são concebidos como um serviço prestado à comunidade eclesial local. A Igreja local recebia o bispo que ela tinha contribuído para se dar. A eleição era feita com base na fraternidade cristã e no consenso como dom do Espírito. Portanto, o eleito era designado pelo Espírito que se manifestava por meio da comunidade. A esse propósito, concebia-se que o Espírito agia ativamente em todos os momentos da eleição-ordenação não se restringindo à imposição das mãos pelos bispos. E com isso estava assegurada

80 Para uma amostragem sintética disso, cf. R. B. Eno, "Shared Responsability in The Early Church", p. 137-139; C. Floristán, "A Escolha dos Bispos", p. 259-262. E para uma meridiana e objetiva descrição, cf. A. Hamman, *La Vie Quotidienne des Premiers Chrétiens (95-197)*, p. 136.

81 H-M. Legrand, "O Sentido Teológico das Eleições Episcopais Segundo seu Desenrolar na Igreja Antiga", p. 883.

82 Cf. Y. M.-J. Congar, *Jalons Pour Une Théologie du Laïcat*, p. 333.

83 Cf. A. Vilela, *La Condition Collégiale des Prêtres au IIIe siècle.*

84 R. B. Eno, "Shared Responsability in The Early Church", p. 138.

a igualdade de todos os cristãos e a diferença cabia somente ao Espírito estabelecer.[85]

O famoso cânone 6 do Concílio de Calcedônia (451) que condena a "ordenação absoluta" de qualquer pessoa, faz eco a essa concepção de ministério vinculado a uma comunidade real.[86] Assim, "somente alguém que *foi chamado de uma comunidade específica* (o povo e seus líderes) para ser pastor é que recebe automaticamente a *ordinatio*".[87] Portanto, "a comunidade tinha um papel essencial na nomeação dos ministros, embora sua parte fosse apenas uma formalidade, um movimento paralelo ao que estava acontecendo na sociedade civil; isso teve dificuldades práticas".[88]

De modo que nas igrejas dos primeiros séculos "o que fazia um bispo ser bispo era a escolha do povo e não o ritual".[89] Por isso o povo participava ativamente na eleição, no acompanhamento e na deposição dos ministros da Igreja. Mesmo após a eleição o povo continuava exercendo sua função de corresponsável pela atuação do ordenado, conforme nos atesta a recomendação contida na *Didaché*: "Que toda pessoa que venha em nome do Senhor seja acolhida; você a conhecerá depois, após a ter experimentado, pois você saberá discernir a direita da esquerda".[90] É nessa direção que se deve entender a deposição dos presbíteros de Corinto, já exposta. De forma que na Igreja antiga era exigido o consenso para a ordenação de um bispo, mas este podia ser ordenado validamente mesmo se constrangido. A aceitação dependia da Igreja! É assim

85 Cf. H-M. Legrand, "O Sentido Teológico das Eleições Episcopais segundo seu Desenrolar na Igreja Antiga", p. 880-882.
86 Cf. Istituto per le scienze religiose, ed., *Conciliorum Oecumenicorum Decreta*, p. 90.
87 E. Schillebeeckx, *Per una Chiesa dal Volto Umano*, p. 178 [grifo nosso].
88 Ibid., p. 179.
89 J. Comblin, "Origem e Figura do Bispo na Tradição Eclesial", p. 60.
90 *La Doctrine des Douze Apôtres*, [XII, 1], p. 189.

que ocorreu com os mais importantes bispos da Antiguidade: Ambrósio, Agostinho, Martinho de Tours, Gregório Magno, Basílio etc.[91]

Não é o caso de fazermos referência a todas as fontes que atestam essa prática na Igreja antiga, mas serão suficientes algumas indicações ilustrativas, pois é fato incontestável que existe um vasto elenco de exemplos.[92] Por exemplo na *Traditio Apostolica* (por volta de 230) se pode ver a continuidade dessa prática, pois lá se afirma:

> Que seja ordenado como bispo aquele que foi escolhido por todas as pessoas, que é irrepreensível. Quando seu nome for pronunciado e que ele for aprovado, as pessoas se reunirão com o presbitério e os bispos que estão presentes no dia de domingo. Com o consentimento de todos, que impõem suas mãos sobre ele, e que o presbitério se mantenha sem nada fazer.[93]

Por sua vez, João Crisóstomo se manifesta a favor do direito do povo de ser envolvido na escolha de seus dirigentes. Mas, considerando os riscos de o povo ser mal informado ou manipulado, sugere que o clero faça um discernimento prévio.[94]

Embora não existisse um procedimento uniforme entre as igrejas no que se refere a esse quesito, constata-se que havia elementos comuns. É assim que se caracteriza a prática da igreja da África: "para as ordenações de clérigos, geralmente consultamos antecipadamente e pesamos em comum deliberação a

---

91 Cf. H-M. Legrand, "O Sentido Teológico das Eleições Episcopais segundo seu Desenrolar na Igreja Antiga", p. 880; 882.

92 Já citamos o mais antigo documento não escriturístico no qual isso aparece, cf. *La Doctrine des Douze Apôtres*, [XV, 1], p. 193.

93 Hippolyte de Rome, *Tradition Apostolique*, [II], p. 41.

94 Cf. Jean Chrysostome, *Sur le Sacerdoce*, [IV, 2], p. 241-249. Para demais fontes e fatos de eleições de bispos e papas, cf. G. Thils, *Choisir les Évêques? Élire le Pape?*. p. 29-40; 45-59; 71-81.

conduta e os méritos de cada um dos candidatos".[95] Ademais, se observa que essa é uma prática compartilhada pelas outras igrejas, ao se ler que

> o que se observa entre nós e em quase todas as províncias; isto é, que para celebrar as nomeações regularmente, onde um bispo deve ser nomeado para o povo, todos os bispos próximos da província devem se reunir e o bispo deve ser escolhido na presença do povo, que conhece perfeitamente a vida de cada um e conhece o desempenho no seu comportamento.[96]

As variantes apenas confirmam o que objetivamos evidenciar, isto é, que havia participação na escolha dos dirigentes. O relato que segue transparece isso:

> Em 26 de setembro de 426, um idoso bispo, Agostinho entrou na Basílica Pacis em Hipona Regius para contar ao seu rebanho que desejava nomear seu sucessor e, seguindo a consagrada tradição cristã, solicitar a aprovação de sua decisão. Ao fazê-lo, ele estava sendo fiel à prática de que todo o povo de Deus deveria ter uma participação na escolha de seus líderes. No tempo de Agostinho, a estruturação básica da igreja local havia sido estabelecida, mas o princípio da participação popular ainda não havia sido completamente sufocado.[97]

Em formulação mais precisa, o que desejamos evidenciar de tudo isso é que: "Não está sempre claro nos textos patrísticos onde há uma eleição propriamente dita ou só uma pública aclamação de um candidato. Em todo caso, há ampla evidência de uma real participação de toda a comunidade".[98]

---

95 Cipriano, *Obras de San Cipriano*, Cartas [XXXVIII, 1], p. 477-478.

96 Ibid., Cartas [LXVII, 5,1], p. 635. Para Cipriano a participação do povo na escolha do bispo, remonta à vontade divina, cf. Ibid., Cartas [LXVII, 4-5], p. 634-635.

97 R. B. Eno, "Shared Responsability in The Early Church", p. 129-130.

98 R. R. Gaillardetz, "Eclesiología de Comunión y Estructuras Eclesiásticas", p. 115.

De qualquer modo, até o século V, não existem ainda regras absolutamente claras para se realizar a eleição dos bispos.[99] Portanto, prevalece o princípio colocado pelo papa Celestino I, em 428, que declara: "*nullus invitis detur episcopus*", ou seja, "que nenhum bispo seja imposto" ao povo.[100] E algum tempo depois isso foi corroborado pela máxima do papa Leão Magno (440-461) que, dirigindo-se aos bispos, escreve de forma contundente: "É necessário ter a opinião escrita dos clérigos, o testemunho das autoridades, o consentimento do povo e da ordem sacerdotal. "Aquele que a todos deverá governar, por todos deve ser eleito".[101] Além disso, ele escreve aos bispos metropolitanos: "Declaramos, portanto, que não é absolutamente lícito a nenhum metropolita ordenar qualquer bispo a seu arbítrio somente e sem o consentimento do clero e do povo; ao contrário, é seu dever colocar à frente de uma igreja de Deus aquele a quem toda a comunidade tenha eleito por unanimidade".[102]

Nesse sentido, o princípio: "*Qui praefuturus est omnibus, ab omnibus eligatur*", ou seja, "Quem há de presidir a todos, seja eleito por todos" será frequentemente evocado na literatura patrística. Sua origem lembra o provérbio que se lê no *Panegyricus* de Plínio a Trajano (cap. 7,6): "*Imperaturus omnibus, eligi debet ex omnibus*". A diferença, porém, está no uso das preposições "*ab*" e "*ex*", ou seja, a escolha é de toda a comunidade ou entre toda a comunidade. O uso da preposição "*ab*" pela patrística aponta para uma participação ampla na escolha.[103]

De sorte que esses argumentos se mostram concordes com Cipriano, ou seja, deveria haver consentimento do povo e do

99 Cf. Y. M.-J. Congar, *Jalons pour une Théologie du Laïcat*, p. 329-333.
100 S. Coelestini I papae, *Ep.* [IV, 5], p. 434.
101 San Leone Magno, *Lettere di San Leone Magno*, Lettera [X, 6], p. 516.
102 Ibid., *Lettera* [XIII, 3], p. 522-523.
103 Cf. Ibid., 516 [nota 16].

clero na eleição de um bispo.[104] Também Gregório Magno (590-604) defendeu o direito das Igrejas de escolherem seus bispos.[105] Ademais, "lembrou-se entre os séculos VI e XI que a escolha dos bispos era um direito tradicional do clero e do povo com o consentimento do metropolitano".[106] Assim, durante o século V, os papas se mostram favoráveis à participação do povo na eleição dos bispos. São Leão Magno foi quem mais apoiou isso. Nesse período houve a participação do povo na escolha de uma série de papas. Depois foi suspensa tal ação em favor da intervenção imperial.[107]

Em suma, o relevante é que a comunidade cristã exercia um papel importante na escolha de seus dirigentes e tinha consciência da importância disso. Tanto é verdade que,geralmente, para ilustrar isso, se costuma evocar o episódio no qual o povo de Milão aclamou Ambrósio como bispo daquela Igreja.[108] Se há algo que escapa da Tradição nesse campo é o fato de concentrar nas mãos do papa a nomeação dos bispos, pois a norma foi sempre de eleição pela Igreja.[109] Se houve o abandono dessa modalidade, não foi por motivos teológicos, mas devido a pressões externas e seculares.[110] Houve uma forte variação ao longo da História quanto à participação na eleição dos bispos. No século XIII, a Igreja no Ocidente reservava aos clérigos a eleição; no século XVI, Roma permitia às monarquias católicas de fazer a provisão dos bispos. E somente no século XX, a

104 Cf. Leonis Magni, *Ep.* [XIV, 5-688], p. 674. Citamos aqui a PL porque a supracitada obra não contém esta carta!
105 Cf. C. Floristán, "A Escolha dos Bispos", p. 261.
106 Ibid., p. 261 e cf. J. Lécuyer, "Collégialité Épiscopale selon les Papes du Ve siècle", p. 41-57.
107 Cf. R. Velasco, *A Igreja de Jesus*, p. 134-135.
108 Cf. B. Sesboüé, *De Quelques Aspects de l'Église*, p. 137-138.
109 Cf. H-M. Legrand, "O Sentido Teológico das Eleições Episcopais segundo seu Desenrolar na Igreja Antiga", p. 878.
110 Cf. H-M. Legrand, "O Sentido Teológico das Eleições Episcopais segundo seu Desenrolar na Igreja Antiga", p. 879.

Santa Sé recuperou o direito de nomear seus bispos.[111] Assim, "distorcida como era, essa participação de reis e príncipes no processo de seleção foi o último vestígio de participação, era uma caricatura do original".[112] Porém, nada disso cancela o fato de ser algo decisivamente relevante e significativo para a Igreja de todos os tempos. Afinal,

> Esta participação não é um venerável costume, dentre outros igualmente legítimos. Retirar esta pedra do edifício da eclesiologia autenticamente católica e tradicional é abalá-lo seriamente. Quando a centralização administrativa suplanta a instituição original, tira-se do plano da prática uma eclesiologia de comunhão, tanto entre as Igrejas como no seio da Igreja local. Esta redução da Igreja local à passividade tem efeitos deploráveis [...] a participação das Igrejas na escolha de seus bispos é uma exigência profundamente católica, se este termo quer dizer plenitude, equilíbrio, respeito à tradição.[113]

Porque na realidade essa prática das eleições implica outros elementos, ou seja, ela traz no seu bojo questões profundamente teológicas, pois

> O "consensus fidelium" tem um papel decisivo no "ministério" do bispo e, portanto, na atualização concreta da "sucessão apostólica" no seio das comunidades. Tudo isso revela o protagonismo das comunidades locais, sua autonomia na condução da própria vida de fé, em sua estruturação interna e no cumprimento da "tarefa" recebida, pela qual se sentem diretamente responsáveis.[114]

111 Cf. Ibid., p. 879.

112 R. B. Eno, "Shared Responsability in The Early Church", p. 140. E sobre o perigo de partidarismo e os graves conflitos, cf. Ibid., p. 139-140.

113 Cf. H-M. Legrand, "O Sentido Teológico das Eleições Episcopais Segundo seu Desenrolar na Igreja Antiga", p. 883.

114 R. Velasco, *A Igreja de Jesus*, p. 110. Para ulteriores aprofundamentos sobre a eleição dos bispos, cf. J. I. González Faus, *"Ningún Obispo Impuesto" (S. Celestino papa). Las Elecciones Episco-*

Por fim, à medida que se faz o resgate desses elementos nota-se um nexo incindível das práticas que eles envolvem com o princípio da participação na Igreja.

1.1.4 Sínodos, concílios e patriarcados como expressão de colegialidade

O princípio de *solicitudo omnium ecclesiarum* no desenvolvimento inicial do Cristianismo pode ser identificado por meio de algumas expressões, tais como: na elaboração de um símbolo comum de fé; nas viagens dos bispos a uma outra igreja; na troca de cartas entre as igrejas; na conservação da lista com nomes de bispos em comunhão (liturgia); na ordenação de um bispo que implicava a presença de três ou mais bispos da mesma região; no envio do *fermentum* e na realização das assembleias (sínodos ou concílios regionais).[115]

Contudo, não podendo tratar exaustivamente cada uma delas, queremos ressaltar ao menos, ainda que sucintamente, os sínodos e concílios. Pois, esses "eram celebrados regularmente na presença de toda a comunidade local como um testemunho eloquente do interesse que manifestava o povo pelos assuntos mais importantes da Igreja, sem excluir as controvérsias doutrinais".[116] Há controvérsias quanto a ser exclusivamente direito dos bispos a participação em tais eventos. Há quem julgue ser menos evidente a participação dos leigos nos concílios, embora pudessem estar presentes.[117] Em contrapartida, há quem afirme moderadamente que

---

pales en la Historia de la Iglesia.

115 Para informações completas dessas expressões de comunhão, cf. T. L. Nichols, *That All May Be One*, p. 103-104; L. Hertling, *Communio Chiesa e Papato Nell'Antichità Cristiana*, p. 12-45; A. Di Berardino, "Percursos de Koinonia nos Primeiros Séculos Cristãos", p. 348-363; G. Routhier, *Le Défi de la Communion*, p. 123-138 e H.-M. Legrand, "Communion Ecclésiale et Eucharistie aux Premiers Siècles", p. 136-143.

116 I. Oñatibia, "La Corresponsabilidad en la Iglesia de los tres Primeros Siglos", p. 222.

117 Cf. R. B. Eno, "Shared Responsability in The Early Church", p. 136.

“a prática de Concílios mistos constituídos por bispos, clérigos e leigos é atestada pela tradição histórica e canônica, e especialmente pelo costume canônico da Igreja primitiva. [...] No que diz respeito à participação dos leigos, há também muitos testemunhos [...]. Quando os bispos eram eleitos, os leigos tinham ‘o direito de voto’, mas a decisão, o *judicium*, ‘era reservada aos bispos da província’”.[118] Por fim, há quem aponte que: “os participantes no Concílio de Florença na maioria não eram ‘ordenados’ e, portanto, os ‘votos dos leigos’ tiveram um impacto real nas decisões sobre a reunificação das Igrejas do Oriente e do Ocidente”.[119] Mas o alerta que se impõe é que “quando se fala da natureza exclusivamente episcopal dos concílios ecumênicos ou provinciais se ignora, além da história do primeiro milênio, também aquela medieval que teve uma participação forte e diversificada dos simples fiéis”.[120] De modo que, pensar “que os concílios sejam manifestações somente do poder episcopal, é uma convicção difusa, mas isenta de efetivo fundamento”.[121]

Ademais, a prática sinodal é considerada tradicional na Igreja por ser antiga e constante.[122] De maneira que, “a instituição *conciliar* e *sinodal* não é uma novidade na Igreja latina; ela jamais desapareceu e, apesar dos limites que lhe foram impostos, ela permaneceu o testemunho de uma preocupação que chamamos hoje participante”.[123] Particularmente durante os séculos II e III os concílios regionais demonstram a consciência de corresponsabilidade e participação das igrejas. “No final do segundo século, as relações entre as igrejas dependem menos da iniciativa privada,

118 N. Durà, “Le Régime de la Synodalité dans les Huit Premiers Siècles. Les Types de Synodes”, p. 281-282.
119 L. Örsy, “Il Popolo di Dio”, p. 437.
120 G. Ruggieri, “I Sinodi Tra Storia e Teologia”, p. 133.
121 Id., p. 140. A esse respeito, cf. H. Küng, *Structures de l’Église*, p. 100-119.
122 Cf. P. Valdrini, “La Synodalité”, p. 848.
123 P. Delooz, “La Participation dans l’Église Catholique”, p. 15.

as comunidades começam a se organizar entre si, a reunir-se em sínodos ou assembleias de bispos para se posicionar sobre problemas atuais, como o Montanismo e a controvérsia de Páscoa [...]".[124] São celebrações simultâneas, em diferentes lugares, de sínodos regionais que se debruçam sobre problemas símiles.[125] E os sínodos e concílios do IV século em diante, documentados mais amplamente, são assembleias de instância regular de governo colegial das igrejas. De tal modo que "pode-se dizer que a Igreja do primeiro milênio era essencialmente uma Igreja sinodal".[126] A ponto que se acredita que no Concílio de Niceia tenha existido uma eclesiologia implícita de participação, embora não perfeita![127] Todavia, os concílios ecumênicos não sufocaram nem substituíram a diversidade local.[128] De qualquer modo, tal prática contrasta com aquela concepção de bispos monarcas. Ao contrário, o que havia era uma periodicidade regular para tratar em comum das dificuldades e dos conflitos no governo das igrejas.[129]

Assim, sabe-se que historicamente

> A partir da segunda metade do segundo século, diante das dificuldades levantadas por certas heresias ou problemas de disciplina, os bispos da mesma região se encontravam em sínodos ou concílios (os dois termos são então equivalentes). A intenção deles era conseguir um consenso concreto entre eles sobre os novos problemas, com base no consenso já dado à fé... Muito rapidamente estes sínodos se tornaram periódicos e regulares. O

124 A. Hamman, *La Vie Quotidienne des Premiers Chrétiens (95-197)*, p. 148.

125 Cf. I. Oñatibia, "La Corresponsabilidad en la Iglesia de los Tres Primeros Siglos", p. 221-223. Para mais informações históricas e teológicas, cf. Y. M.-J. Congar, *Sainte Église*, p. 303-317 e G. Dejaifve, "La Collégialité Épiscopale dans la Tradition Latine", p. 871-890.

126 R. Puza, "Démocratie et Synode", p. 126. Para uma compreensão mais completa, cf. Ibid., p. 125-140.

127 Cf. T.L. Nichols, *That All May Be One*, 106-107.

128 Cf. Ibid., p. 108.

129 Cf. M. Metzger, "Les Leçons de la Tradition", p. 21-22; J. Gaudemet, *L'Église dans l'Empire Romain (IVe –Ve siècles)*, p. 455.

Canon 5 do Concílio de Nicéia (325) passou a exigir a realização de dois sínodos anuais: um no momento da Quaresma e o outro no outono...[130]

Importante recordar que a participação latina nos primeiros concílios ecumênicos foi muito limitada, quase que reduzida à delegação romana. Todavia, por meio dessa presença romana é que se assegurava a comunhão do Ocidente latino com as Igrejas orientais.[131] Como balanço do exposto e dando por descontado algum excesso do conciliarismo, torna-se patente e transparente a consciência eclesial que havia quanto ao valor dos concílios. Em modo conciso o princípio conciliarista defende que o Concílio é o lugar normal para resolver os problemas mais graves da Igreja e para resolvê-los em comum.[132] A propósito, é pertinente a crítica de que os conciliaristas eram de mentalidade clerical, pois não foram capazes de tomar o partido dos leigos nem de elaborar uma teoria que sustentasse a intervenção destes em matéria de Igreja.[133] Todavia, tanto por meio de fatos quanto de alguns personagens históricos marcantes, corrobora-se a grandeza dessa expressão da vida eclesial. O Concílio de Constança, em 1415, é ícone disso.[134] E bastaria mencionar alguém sobre o qual se poderia suspeitar uma posição totalmente adversa, mas que defendeu o princípio conciliar - o cardeal Torquemada. Ou de se referir a Roberto Belarmino, geralmente visto como um expoente conservador e típico representante da Contrarreforma, porém que surpreende por sua visão menos centralista da Igreja.

---

130 B. Sesboüé, *De Quelques Aspects de l'Église*, p. 144.

131 Cf. A. Di Berardino, "Percursos de Koinonia nos Primeiros Séculos Cristãos", p. 356.

132 Cf. R. Velasco, *A Igreja de Jesus*, p. 198-201.

133 Cf. Y. Congar, "Quod Omnes Tangit ab Omnibus Tractari et Approbari Debet", p. 256-258. Para ver em grandes linhas – conciliarismo e galicanismo, cf. K. Schatz, *Il Primato del Papa*, p. 189-191 e R. Velasco, *La Eclesiología en su Historia*, p. 227-245.

134 Cf. R. Velasco, *A Igreja de Jesus*, p. 193-198; 202-203.

Ele atribuiu ao concílio a função de ser o meio mais ordinário na vida eclesial.[135]

Ainda dentro desse contexto, outro assunto que mereceria ser abordado com profundidade, mas que faremos somente aceno, concerne à evolução histórica dos patriarcados antigos à pentarquia de governo (uma direção marcada pelo ideal de posição de igualdade, mas que durou pouco).

> De fato, no primeiro milênio, os poderes dos patriarcas do Oriente não são percebidos como uma participação no governo papal; menos ainda aparecem como privilégios "concedidos" por Roma. Eles são a expressão da própria jurisdição episcopal. Eles simplesmente traduzem "a tomada de consciência do fato de que o colégio episcopal, em uma determinada área, unido a Roma, regula a si mesmo".[136]

No entanto, segundo essa teoria, desenvolvida em Bizâncio, a unidade das Igrejas seria de responsabilidade de cinco sedes principais. Na verdade, o reconhecimento da jurisdição regional tornou-se a base para o desenvolvimento dos patriarcados. E o Concílio de Niceia não indicou nenhuma primazia universal ou de jurisdição para o bispo de Roma.[137] Para o Oriente a primazia não significa um poder de jurisdição sobre toda a Igreja, mas expressa a unidade e unanimidade dos bispos, ou seja, baseia-se no consenso e na participação.[138] Ora, para a mentalidade oriental/ortodoxa a infalibilidade dogmática depende de toda a comunidade de fiéis; goza de relevância em primeiro lugar a concreta comunidade local; o governo é sinodal e tem autonomia

135 Cf. J. I. González Faus, *A Autoridade da Verdade*, p. 227-228; 281.

136 J.-M. R. Tillard, *Il Vescovo di Roma*, p. 61. Mais a respeito disso, cf. K. Schatz, *Il Primato del Papa: La sua Storia dalle Origini ai Nostri Giorni*, p. 60-61.

137 Cf. T. L. Nichols, *That All May Be One*, p. 112.

138 Ibid., p. 123.

administrativa. Todavia, para se evitarem idealismos e parcialidades, faz-se mister ponderar que o patriarcado de Constantinopla, por exemplo, exerceu em certas circunstâncias, um primado similar ao que foi praticado no Ocidente, sendo profundamente centralizador.[139] De forma que, a partir do século XI, no Oriente prevaleceu uma "tetrarchia" de governo, enquanto no Ocidente começou um processo de centralização em torno da figura do bispo de Roma (patriarca e papa).[140] Contudo, houve muita resistência para se aceitar a centralização papal, sendo necessário equilibrar o princípio do primado pelo princípio da colegialidade episcopal.[141] Aliás, é evidente que o primado não é inconciliável com formas pluralistas e estruturas descentralizadas.[142]

Em última instância, a preocupação que sempre norteou os embates consistia no desejo de equilibrar o poder no interior da vida eclesial e de garantir uma maior participação.[143] É imprescindível reconhecer que houve uma tradição de colegialidade na Igreja mesmo no período da Idade Média que ulteriormente foi suprimida. Até mesmo os decretistas do século XII e XIII contribuíram favoravelmente para isso. O problema não estava na estruturação jurídica da Igreja, mas na aplicação de leis e costumes desviantes. Existiu um contexto favorável à participação, mas sofreu sobressaltos: conflito da Igreja com o Estado e a excessiva centralização de autoridade na cúria romana. Assim, as sadias tradições eclesiológico-jurídicas foram sendo lentamente

139 Cf. G. Denzler, "Linhas Fundamentais da Eclesiologia no Império Bizantino", p. 851-860.

140 Cf. B. Sesboüé, *De Quelques Aspects de l'Église*, 146-147. Para entender outros elementos desse processo histórico, cf. Ibid., p. 135-137 e H. J. Pottmeyer, *Il Ruolo del Papato nel Terzo Millennio*, p. 28-35.

141 Cf. T. L. Nichols, *That All May Be One*, p. 111-115. Para isso ainda, cf. Y. Congar, "La Collégialité de l'Épiscopat et la Primauté de l'Évêque de Rome dans l'Histoire", p. 412.

142 Cf. H. Marot, "Descentralização Estrutural e Primado na Igreja Antiga", p. 13-23 e H. Marot, "Unité de l'Église et Diversité Géographique aux Premiers Siècles", p. 565-590.

143 Cf. B. Sesboüé, *De Quelques Aspects de l'Église*, p. 155; R. Velasco, *A Igreja de Jesus*, p. 160-161.

abandonadas.[144] Mesmo a Reforma e sua eclesiologia a seu modo reivindicaram mais participação eclesial.[145]

Em vista de uma conclusão demonstrando que as expressões de participação eclesial não se restringem somente aos primeiros séculos, mas que são constitutivas da tradição eclesial, reportamo-nos a uma máxima oriunda do direito romano imperial que foi assumida e evocada frequentemente pela Igreja a partir do século XIII: *Quod omnes tangit ab omnibus tractari et approbari debet.*[146] Mais precisamente tal princípio remete à tradição canônica da Igreja que, para salvaguardar a liberdade individual e favorecer a participação, assume esse espírito em sua eclesiologia.[147] Há quem veja que tal princípio esteve no centro da Igreja primitiva e que depois passou para o mundo jurídico. E não se refere somente a decisões de caráter econômico ou social.[148] Contudo, esse axioma não deve ser entendido como base para uma "eclesiologia democrática" ou conciliarista, mas segundo o sentido próprio que havia no direito romano, ou seja, como regra de procedimento que se deve observar para as estruturas eclesiais. No entanto, ele trata seguramente de uma participação "real".[149]

Embora haja incidência do princípio na vida política, priorizamos ver sua pertinência na vida eclesial. Pois, em síntese, a pertinência deste está em demonstrar que "apesar da falta de evidência da participação do baixo clero e dos leigos, e apesar da tendência a uma centralização e concentração de autoridade cada vez maiores nas mãos do bispo, permaneceu um senso básico de partilha que está resumido no princípio jurídico

144 Cf. B. Tierney, "Colegialidade na Idade Média", p. 5-12.

145 Cf. R. Velasco, *La Eclesiología en su Historia*, p. 186-204.

146 Para isso, seguimos o excelente artigo de Y. Congar, "Quod Omnes Tangit ab Omnibus Tractari et Approbari Debet", p. 210-259.

147 Cf. Y. Congar, "Quod Omnes Tangit ab Omnibus Tractari et Approbari Debet", p. 215.

148 Cf. J. I. González Faus, *Para qué la Iglesia?*, p. 14.

149 Cf. S. Pié-Ninot, *Eclesiología. La Sacramentalidad de la Comunidad Cristiana*, p. 568-569.

[...]".[150] Para evitar repetir os exemplos históricos já referidos, limitamo-nos a indicar os âmbitos nos quais o autor constata participação eclesial: no governo, nos sacramentos e na doutrina. Essa última, sobretudo, comporta certa novidade porque não se opõe a um papel ativo e de consenso de todo o corpo eclesial. Isso significa que a autoridade apostólica na Igreja vem do alto, porém não é uma autoridade separada; faz parte do corpo.[151]

E nesse sentido, a história da vida religiosa é uma fonte copiosa para exemplificações. São Bento queria que o abade solicitasse o conselho de todos (Regula cap. 3 que reflete a regra de ouro de Eclo 32,24). Além disso, a partir do final do século XI no Ocidente, ganha força o espírito de associação que encontrará na vida religiosa o terreno fértil. Ocorrem mudanças, sobretudo com a instituição de conselheiros eleitos e de capítulos gerais. Este último foi uma criação dos cistercienses cuja disposição foi estendida, pelo concílio de Latrão de 1215, a todos os monges ou ordens canônicas. Entretanto, era ainda algo restrito aos abades e priores de casas independentes. Serão os dominicanos que em 1228 introduzirão a representação das diferentes casas da ordem nos capítulos gerais anuais (aliás, nas regras deles de 1283 era previsto que na metade do mandato do superior se faria a reunião do conselho para ratificar ou cessar o eleito). A inovação da representação foi adotada pelos franciscanos em 1239-1240 e depois por algumas congregações beneditinas, motivadas pelo desejo de fazer que todos participassem. Ora, esse modo de participação da vida religiosa teria exercido certa influência na própria organização da vida civil, ao menos enquanto horizonte significativo.[152]

---

150 R. B. Eno, "Shared Responsability in The Early Church", p. 136.

151 Cf. Y. Congar, "Quod Omnes Tangit ab Omnibus Tractari et Approbari Debet", p. 224-228. Para entender a delicada conexão desse princípio com a questão da recepção, cf. G. Frosini, *Una Chiesa di Tutti*, p. 69-74.

152 Mas aqui não vamos entrar nas teses ou controvérsias históricas sobre esse assunto. Para

Por fim, essa máxima do direito romano, quando assumida pela corrente comunitária do século II, passou a ter um valor mais amplo enquanto regime de conselhos e de consentimento. Todavia, foi no século XIII que saiu de um âmbito restrito para uma discussão de interesses maiores. Por diversos fatores históricos, alguns teólogos delinearam uma aplicação dessa máxima, tornada princípio de direito público, para a própria constituição da Igreja. Mas essa tentativa foi obnubilada pela vitória da doutrina romana da monarquia pontifical.[153] Todavia, veremos que essa consciência do direito de participação, ainda que não tenha sido assumida integral e institucionalmente, continuou, porém, existindo como possibilidade. A inspiração normativa do NT permaneceu sempre como referência imprescindível para a ação e renovação da Igreja. Há exemplos que ilustram isso.[154]

1.2 Modelo institucionalista-centralizador

Indubitavelmente percebe-se um contraste entre este modelo e seu contexto com o precedente. O que não significa total contradição, pois coexistem elementos do modelo anterior aqui. Afinal, a passagem das estruturas colegiais fraternas de comunidade para uma concepção "hierárquico-monárquica" não é algo óbvio.[155] Mesmo porque a gradativa institucionalização não impediu um "ministério episcopal colegial", que

isso, cf. Y. Congar, "Quod Omnes Tangit ab Omnibus Tractari et Approbari Debet", p. 229-230; J. J. Tamayo, *Fundamentalismos y Diálogo entre Religiones*, p. 302 e G. Magno, *Vita di San Benedetto. La Regola*, p. 115-116. Para outras informações, cf. P. Delooz, "La Participation dans l'Église Catholique", p. 14.

153 Cf. Y. Congar, "Quod Omnes Tangit ab Omnibus Tractari et Approbari Debet", p. 258. A respeito das técnicas eleitorais da democracia política na Europa que teriam sido desenvolvidas pelos religiosos, cf. L. Moulin, *Le Monde Vivant des Religieux*.

154 Cf. P. Eyt, "Vers une Eglise démocratique?", p. 600-602. Afinal, a normatividade da Escritura e a Tradição se condicionam reciprocamente, cf. CTI, "La Apostolicidad de la Iglesia y la Sucesión Apostólica (1973)", p. 63-65.

155 Cf. P. Hoffmann, *A Herança de Jesus e o Poder na Igreja*, p. 54-57.

passou por modificações no século II.[156] Aliás, em eclesiologia, facilmente os eventos se apresentam mais concomitantes que distintamente separados. Tanto é que não se pode negar que no primeiro século não tenha havido tensões ou tentativas de centralização na vida eclesial. "Da organização colegial à responsabilidade episcopal, houve um tempo de flutuação, com hesitações e resistências [...] O conselho de presbíteros, poderoso em suas origens, conheceu um eclipse. Uma mutação ocorre".[157] Portanto, conforme já mencionamos, o critério hermenêutico é a dialeticidade que não desconsidera as constantes eclesiais que perfazem as diferenças mais relevantes. E, acima de tudo, é preciso reconhecer que

> na tradição latino-ocidental da História da Igreja existe a imagem costumeira de um cristianismo centralizado desde o início no bispo, a nível local, e no bispo de Roma a nível universal. Essa imagem não pode ser projetada sobre a Igreja primitiva, pois foi formada a partir de desenvolvimentos ulteriores de uma das ramificações do cristianismo, a ramificação ocidental.[158]

Portanto, em linhas gerais, tudo isso está sendo evocado aqui para que seja coerente com a razoável proposição de que

> o cristianismo, com sua história bi-milenar, aparece coberto com as sólidas roupagens de uma rígida institucionalização. Herança religiosa judia, mentalidade política romano-helenística, estilo feudal medieval e ainda influência absolutista do *Ancien Régime*: tudo deixou sua marca. Mas isso era, de algum modo, inevitável;

156 Cf. R. Pesch, "Structures du Ministère dans le Nouveau Testament", p. 446-450. Sendo inegável que modificações ocorreram, cf. H. Küng, *Cristianesimo. Essenza e Storia*, p. 120-138; 161-170.

157 A. Hamman, *La Vie Quotidienne des Premiers Chrétiens*, p. 131;137. Para uma boa síntese disso, cf. Y. Congar, "La Collégialité de l'Épiscopat et la Primauté de l'Évêque de Rome dans l'Histoire", p. 403-427.

158 E. Hoornaert, *A Memória do Povo Cristão*, p. 142.

e é compreensível, seja em que caso for. Contudo, exatamente por isso, precisa de revisão.[159]

1.2.1 Notável mudança

Tendo sido feita a devida ressalva, vamos agora didaticamente individuar algumas expressões que denotam o oposto da participação. Para isso se toma geralmente como referência o período após os anos 1980, do primeiro século da era cristã, quando de modo incipiente se desencadeia um processo paulatino de institucionalização presbiteral nas comunidades. Os colégios presbiterais deixam de ser representantes de toda a comunidade para se tornarem um grêmio orientador. É difícil precisar se e em que medida a comunidade participava da eleição desses candidatos.[160] Vemos então que

> Gradualmente, durante o segundo e terceiro séculos, a liderança nas igrejas cristãs foi consolidada nas mãos dos bispos, que foram entendidos como herdando a autoridade dos apóstolos para ensinar, disciplinar e preservar as igrejas em unidade. Durante esse período, os carismáticos independentes, como os profetas e doutores, tornaram-se menos comuns.[161]

Portanto, ocorre uma mudança do protagonismo da comunidade para o protagonismo dos dirigentes.[162] Destarte, na primeira metade do século II despontam novos personagens na direção local das comunidades cristãs que se apropriam da autoridade doutrinal dos profetas e doutores; trata-se dos presbítero-epíscopos, conforme atestam as epístolas pastorais. Pois é certo que

159 A. Torres Queiruga, *Fim do Cristianismo Pré-Moderno*, p. 249.

160 Cf. R. Schnackenburg, "Participação da Comunidade por Consenso e Eleição no Novo Testamento", 864-865 e cf. Id., *Origine e Senso della Chiesa*, p. 70-75.

161 T. L. Nichols, *That All May Be One*, p. 95.

162 Cf. R. Velasco, *A Igreja de Jesus*, p. 92.

> A centralização é um fato proeminente na história do desenvolvimento das estruturas da Igreja. Os primeiros escritos não-canônicos mostram que o governo da igreja local ainda era basicamente um assunto canônico. O impulso, no entanto, era para o episcopado monárquico, uma tendência já manifesta nos Pastorais.[163]

De modo que, paulatinamente, vai se introduzindo uma novidade, pois "o episcopado monárquico acabou sendo amplamente aceito durante as primeiras décadas do século II nas cidades em torno do mar Egeu e em Roma, um pouco mais tarde também em outras partes da Síria ocidental e somente em torno do fim do século em Alexandria e na Síria oriental".[164]

Embora continuassem existindo as comunidades domésticas, nomeadas de "casa de Deus" (1Tm 3,15), o modelo social e inspirador dessas passa ser a organização greco-romana. Desse modo, a maioria das comunidades (Ásia) assume as estruturas hierárquicas e patriarcais que referendam a existência e o poder da autoridade. Esses elementos diferem da experiência anterior das igrejas primitivas caracterizadas por um perfil de autoridade no plural e de maneira disseminada.[165] Porém, o processo não se dá sem tensão e resistência.[166]

Clemente de Roma, já evocado anteriormente dentro dessa conjuntura eclesial antiga, pode ser visto como figura ambivalente. Por isso, importa considerar adequadamente seu contexto e o seu escrito à comunidade de Corinto, bem como a sua atuação na fase inicial da Igreja para um juízo menos parcial a respeito de sua real contribuição. E fazemos isso considerando que, por um

---

163 R. B. Eno, "Shared Responsability in The Early Church", p. 131.
164 H. Koester, *Introdução ao Novo Testamento*, II, p. 304.
165 Cf. E. Schillebeeckx, *Per una Chiesa dal Volto Umano*, p. 78- 81.
166 Cf. H. Hauser, *L'Église à l'Âge Apostolique*, p. 169.

lado, não se pode fundamentar nele o episcopado monárquico.[167] Mas, sob outra perspectiva

> Clemente reflete um grupo próximo à elite e que acabou prevalecendo no coração da Igreja [...] A carta de Clemente aceita a ideologia romana e possui uma visão otimista do mundo e da sociedade em que vive. Ele quer transferir para o interior da Igreja a visão hierárquica da sociedade romana e também a sua ordem e estabilidade. Ele coloca o exército romano como um exemplo do que a Igreja deveria ser [...] No entanto, a maneira de pensar de Clemente, minoritária no início, mas próxima do poder, acabaria sendo imposta à Igreja de Roma.[168]

Inácio de Antioquia, também citado no primeiro modelo, servir-nos-á agora para entender a outra face do dinamismo eclesial. A ambiguidade ou contradição quanto ao seu pensamento deve-se ao fato de que interesseiramente se buscou ressaltar mais seu perfil institucionalizador e monárquico. Exemplificam bem essa tendência as afirmações de que as igrejas que adotaram a estrutura funcional do episcopado monárquico, conseguiram consolidar organizações resistentes.[169] Nesse sentido, as cartas de Inácio (cerca do ano 110) permitem-nos entrever uma organização dos ministérios. O «bispo» tem a função central e única à frente da comunidade cristã.[170] Isso explicaria o fato de se atribuir a esse tipo de organização o título de "monárquica".

Por conseguinte, dá-se uma legitimação teológica mais enfática da figura do bispo. Se no NT ainda existia o epíscopo como um presidente ocasional do presbitério, aqui se torna o presidente permanente do colégio presbiteral e, portanto, acima dos

167 Cf. H. Koester, *Introdução ao Novo Testamento*, p. 307-309.
168 R. Aguirre, "Iglesia e Iglesias en el Nuevo Testamento", p. 53.
169 Cf. H. Koester, *Introdução ao Novo Testamento*, p. 305.
170 Cf. Ignace D'Antioche, *Lettres aux Smyrniotes* [VIII, 1-2] e [IX, 1], p. 139-141.

demais. Nas cartas de Inácio o epíscopo representa o centro de toda a unidade da Igreja. O poder do presbítero e do diácono não deriva da sucessão apostólica. Eles são protótipos de um modelo celeste: o bispo representa Deus; os diáconos são o Cristo e os presbíteros são os apóstolos.[171] Assim como se dizia na literatura greco-romana "um só Deus, um só imperador e um só império", o mesmo passou a se aplicar à Igreja, isto é, "um só Deus, um só bispo e uma só igreja". Portanto, o poder episcopal é dado pelo próprio Deus, não é por direito de nascimento nem dado pelo povo. De maneira que as funções que antes existiam nas comunidades passam a ser concentradas naquele dirigente como sendo próprias do ofício episcopal.[172]

Todavia, é interessante que Inácio, ao destacar a autoridade do bispo e do presbitério, não o faz realçando a qualidade de ensino desses, mas recorre aos seus deveres de pastor (autoridade pastoral). Em parte, isso se entende pela crescente desconfiança da função de ensino causada pelas divagações de alguns doutores.[173] Enfim, o que é digno de nota é que "Quaisquer que sejam as razões, o desenvolvimento de um forte episcopado contrasta com a situação anterior da regra colegial".[174]

Nessa mesma linha é interessante observar as "mudanças" que ocorrem nos escritos antigos: Didaqué, Didascália e Tradição Apostólica. Pois, "entre os documentos mais arcaicos e primitivos e os mais recentes, há uma evolução notável em termos de proliferação, estratificação e especialização dos diversos ministérios, tanto masculinos como femininos".[175] Esses documentos

---

171 Cf. Id., *Lettres aux Magnésiens* [VI, 1], p. 83-85; *Lettres aux Tralliens* [III, 1], p. 97.

172 Cf. E. Schillebeeckx, *Per una Chiesa dal Volto Umano*, p. 83-84; *Lettres aux Philadelphiens* [VII, 1-2], p. 127.

173 Cf. A. Lemaire, "Dos Serviços aos Ministérios", p. 1275-1276.

174 R. B. Eno, "Shared Responsability in The Early Church", p. 132.

175 J. Ríus-Camps, "Diversificación de los Ministerios en el Áárea Ssiro-Hhelenística", p. 110. Para detalhes da autoria desses escritos e suas respectivas datas, cf. Ibid., p. 75-80.

do século II ao IV revelam que já existiam certas tensões entre dois possíveis modelos eclesiais, ou seja, entre o comunitário e o hierárquico. Sobretudo este último, transposto nas chamadas "Constituições Apostólicas" dá destaque ao "governo e ao poder", deixando marcas indeléveis na vida da Igreja.[176] A título de exemplo disso há o gesto de imposição das mãos (*cheirotonia*) no cristianismo das origens simbolizava a constatação da presença do Espírito Santo. No entanto, no século III isso se transforma em sinal da "entrega" do Espírito Santo. Desse modo, a tradição da "sucessão apostólica" deixa de ser comunitária.[177]

Ora, no supracitado documento há uma identificação do ministério ordenado da nova aliança com o sacerdócio da antiga aliança, a ponto de o bispo ser identificado com a figura do sumo-sacerdote.[178] Enfim, em nenhum momento se quer colocar em dúvida a importância da sucessão apostólica. Ao contrário, deve ser destacado que

> Toda a Igreja está estabelecida sobre o fundamento dos Apóstolos (Ef 2,20; Ap 21,14), é necessário afirmar, ao mesmo tempo e inseparavelmente, que esta apostolicidade comum a toda a Igreja está ligada à sucessão apostólica ministerial, que é uma estrutura eclesial inalienável a serviço de todos os cristãos [...].[179]

Por fim, é emblemático desse processo de mudanças que foram ocorrendo no âmbito eclesial e, particularmente ministerial, o papel desempenhado pelos presbíteros nas igrejas. Mas na impossibilidade de aprofundar essa temática específica dos ministérios, julgamos importante salientar que o seu desenvolvimento

176 Cf. E. Hoornaert, *A Memória do Povo Cristão*, p. 155- 161.

177 E. Hoornaert, *A Memória do Povo Cristão*, p. 160. E sobre a hierarquização de funções que vai se estabelecendo, cf. A. Faivre, *Naissance d'une Hiérarchie. Les Premières Étapes du Cursus Clérical.*

178 Cf. H. Hauser, *L'Église à l'Âge Apostolique*, p. 169.

179 CTI, "La Apostolicidad de la Iglesia y la Sucesión Apostólica (1973)", p. 67.

histórico, sob a guia do Espírito Santo, não se contrapõe necessariamente à participação. Aliás, em coerência com sua continuidade bíblico-apostólica, os ministérios podem ser os primeiros promotores daquela.[180] No entanto, não se pode ignorar também que transformações ocorreram. Pois, "A função original do colégio dos presbíteros foi a forma mais significativa de responsabilidade compartilhada na igreja local".[181] E definitivamente esse quadro foi alterado em um certo período.

E, se de algum modo, as transformações na Igreja eram inevitáveis, é relevante notar também que:

> um movimento carismático necessita de institucionalização para sobreviver ao tempo e finalmente precisa também da "grande forma" Igreja, se não quiser reduzir-se a uma seita. Todavia, se o processo de institucionalização há de ser numa forma "monárquica" ou "democrática" é algo que não está precisamente definido pela institucionalização em si.[182]

1.2.2 Período da cristandade (século IV- XVI)

A cristandade foi geralmente usada como categoria definidora da realidade eclesial de um longo período histórico, quando, na verdade, a sua relevância é de ter moldado um ideal de Igreja. É por isso que se afirma: "A cristandade, portanto, foi proclamada, teorizada, institucionalizada. Ela não foi jamais vivida – e ela não podia sê-lo - em uma unanimidade de convicções e especialmente de comportamentos [...] ela foi um projeto; um sonho que tomamos por uma realidade".[183] De qualquer modo, esse período, quando denominado de "paradigma católico-romano medieval", entrevê

180 Para informações mais balizadas sobre isso, cf. F. A. Sullivan, *From Apostles to Bishops*.

181 R. B. Eno, "Shared Responsability in The Early Church", p. 134.

182 P. Hoffmann, *A Herança de Jesus e o Poder na Igreja*, p. 54. A respeito da dialética própria de comunidades carismáticas, cf. G. Theissen, *Vissuti e Comportamenti dei Primi Cristiani*, p. 430.

183 J. Delumeau, *Le Christianisme Va-t-Il Mourir?*, p. 41.

a prevalência de aspectos bem característicos de uma concepção eclesiológica construída com base no poder. Em modo breve, seria um tempo pouco afeito à ideia de participação.[184]

Feita a advertência acima, o fato ineludível é que o século IV se constitui em um marco histórico relevante para a eclesiologia, pois representa uma fase de transição inédita na vida da Igreja, sem deixar obviamente de manter a linha de continuidade com tudo que antecede esse período. Porém, "Depois de Constantino, a formalização jurídica das comunidades locais foi enfatizada, assim como a centralização romana. Há, portanto, algumas evoluções e redefinições que dependem em grande parte dos fenômenos sociológicos: o tipo de sociedade em que a Igreja está vivendo [...]".[185]

Por meio do *Protocolo de Milão* (313) Constantino tornou o Cristianismo não somente uma religião tolerada dentro do Império Romano, mas incorporou a Igreja ao Estado, e se serviu dela para garantir a unidade do império. Por conseguinte, de um lado passou a haver a intromissão do imperador na dinâmica interna da Igreja (em assuntos doutrinais e disciplinares) e, por outro, benefícios e favorecimentos aos membros da hierarquia eclesiástica. Nesse período coexistem duas situações de vida eclesial, ou seja, a antiga prática comunitária não tinha sido totalmente cancelada, porém no novo contexto do império, faltava ainda o respaldo jurídico necessário. Conforme se observa

> os cânones de muitos concílios não mencionavam o papel essencial exercido pelo povo na escolha de um bispo, mesmo que isso fosse reconhecido pela igreja e os teólogos [...] não havia normas formais sobre a participação do povo crente na escolha do bispo, apesar do fato de que todos os Padres a pressupunham [...].[186]

184 Cf. H. Küng, *Cristianesimo. Essenza e Storia*, p. 311-326; 349-365.
185 F. Houtart, "Conflicts of Authority in the Roman Catholic Church", p. 311.
186 E. Schillebeeckx, *Per una Chiesa dal Volto Umano*, p. 169; 172.

Mas foi com o imperador Teodósio com o édito de Tessalônica (*Cunctos populos*) em 380 que o cristianismo se tornou a religião oficial do Estado, selando definitivamente o atrelamento da Igreja a ele.[187] O cristianismo passou a ser a religião obrigatória, imposta pelo poder imperial. A Igreja dos séculos IV e V se moveu dentro deste contexto social dominado pelas leis e valores do império, no qual as estruturas não podiam ser questionadas. No entanto, vozes proféticas se posicionaram a favor dos pobres e contra a injustiça e a escravidão.[188] Por conseguinte, a Igreja foi se adequando ao modelo secularizado do império como forma de sua organização. Por meio da jurisprudência imperial romana, a concepção de monarquia absoluta influenciou o papado (século IV). Isso se estende até o período medieval, sustentada por uma base filosófica neoplatônica (Pseudo-Dionísio) e pelo absolutismo monárquico.[189]

Dentro desse quadro, é inegável que mudanças foram ocorrendo devido ao processo histórico e de inculturação que estava em marcha. A tal ponto os bispos se assemelhavam aos senadores, pois gozavam de autoridade pública e podiam recorrer à autoridade imperial. Assim, marcadamente a Igreja desse período se caracterizou mais por suas preocupações de autoafirmação social.[190] Tanto que, no império os privilégios dispensados aos clérigos e bispos fizeram deles uma classe à parte.[191] Portanto, é incontestável que houve um influxo "secularizante" que a Igreja romana teve de enfrentar.[192]

---

187 Cf. D. Mondoni, *História da Igreja na Antiguidade*, p. 49-54.
188 Cf. R. Velasco, *A Igreja de Jesus*, p. 139-142.
189 Cf. A. Black, "Influência do Conceito de Monarquia Absoluta sobre o Modo de Entender e Exercer a Autoridade Papal", p. 936-944; T. L. Nichols, *That All May Be One*, p. 108-116.
190 Cf. J. Flamand, *Saint Pierre Interroge le Pape*, 42 e Y. Congar, "Le Développement Historique de l'Autorité dans l'Église", p. 155-156.
191 Y. Congar, "Le Développement Historique de l'Autorité dans l'Église", p. 163. Para saber da aparência "senhorial" da Igreja, cf. Y. Congar, *Pour une Église Servante et Pauvre*, p. 107-119.
192 Cf. K. Schatz, *Il Primato del Papa*, p. 78-79.

Em meio a esse contexto a Igreja de Roma continuou gozando de primazia, como sempre foi desde os primórdios.[193] No entanto, com o papa são Leão Magno começou a se processar a passagem da primazia para um "primado de jurisdição". Pois, tendo sido dada uma certa autoridade ao bispo de Constantinopla (381), simplesmente porque aquela localidade era sede do imperador, mas sem motivos teológicos, ocorreu que:

> nos séculos seguintes a Igreja romana considera prerrogativa sua a *custodia fidei et disciplinae* (cf. Leão Magno, Ep. 115,1). Com o papa Dâmaso (366-384), a sé romana reforça a sua idéia de centralidade também com o recurso ao texto de Mt 16,18s. O papa Sirício (384-399) considera a *sollicitudo omnium ecclesiarum* (2Cor 11,28) uma prerrogativa da sé romana.[194]

De forma que isso gerou concomitantemente uma cristianização de Roma e tentativas de centralização, que despertaram resistências dos bispos e das igrejas nacionais.[195] A propósito, isso nos permite inferir que "não se pode esperar sensatamente que 'o primado existisse desde o início', mais ou menos no sentido do primado doutrinal e jurisdicional, conforme definido pelo Vaticano I".[196] De modo que a definição do centro de unidade se deu historicamente e segundo sua origem apostólica.

Em fins do século V o papa Gelásio I formula os dois princípios de autoridade para reger este mundo: um para as coisas temporais e outros para as coisas da fé. "Ao reivindicar um primado de jurisdição, e não apenas a liderança sobre toda a Igreja, Gelasius preparou o caminho para a monarquia papal da Alta

193 Cf. A. Di Berardino, "Percursos de Koinonia nos Primeiros Séculos Cristãos", p. 359 e K. Schatz, *Il Primato del Papa*, p. 39-60.

194 A. Di Berardino, "Percursos de Koinonia nos Primeiros Séculos Cristãos", p. 360. Mais sobre os papas supracitados, cf. K. Schatz, *Il Primato del Papa*, p. 65-66; 68-69.

195 Cf. K. Schatz, *Il Primato del Papa*, p. 70-76

196 K. Schatz, *Il Primato del Papa*, p. 77.

Idade".[197] Mesmo enfrentando oposições, a tendência era de centralização.[198] Para esse papa, "a sé romana tem o direito de julgar todas as igrejas, e não ser julgada por ninguém".[199] Por sua vez, no final do século VI o papa Gregório Magno enfrentou o desafio de uma nova inculturação do cristianismo em vista da invasão dos povos bárbaros e "organizou uma verdadeira campanha no sentido da monacalização do cristianismo ocidental".[200] Paradoxalmente é considerado o primeiro papa medieval que refutou a completa concentração administrativa e que defendeu uma concepção colegial do primado.[201]

E no século IX com Carlos Magno os dois princípios de autoridade (temporal e espiritual) foram usados para reger a Igreja que incluiu em seu interno o poder imperial. De tal modo "heranças merovíngias e carolíngias, introduziram subrepticiamente no aparelho eclesiástico a mentalidade da monarquia absoluta e a separação em três classes sociais".[202] Além disso, o século IX é o período das chamadas "Falsas Decretais". Essas formavam uma coleção atribuída a são Isidoro de Sevilha na qual se põe na boca dos grandes papas antigos (são Leão, são Gregório I) uma série de afirmações sobre o poder papal.[203] De modo que essas "falsificações" da Idade Média influenciaram na compreensão do papado como primado de jurisdição.[204]

Assim, o período medieval que se caracterizou por uma fecundidade teológica e espiritual muito grande, conheceu também

197 T. L. Nichols, *That All May Be One*, p. 116.

198 Cf. C. Vogel, "Unité de l'Église et Pluralité des Formes Historiques d'Organisation Ecclésiastique du IIIe au Ve Siècle", p. 591-636.

199 Cf. D. Mondoni, *História da Igreja na Antiguidade*, p. 74.

200 E. Hoornaert, *A Memória do Povo Cristão*, p. 224.

201 Cf. H. Küng, *Cristianesimo. Essenza e Storia*, p. 334-341.

202 M. Metzger, "Les Leçons de la Tradition", p. 37.

203 Cf. J. I. González Faus, *A Autoridade da Verdade*, p. 200.

204 Cf. Y. Congar, Église et Papauté. *Regards Historiques*, p. 81-92.

expressões, ora de um cesaropapismo, ora da hierocracia. Dentro desse regime de cristandade que representa a massificação do cristianismo, o "contraste e sinal" da autenticidade será em grande parte a vida monacal que representou um protesto contra a Igreja institucional.[205] No sistema eclesiástico passou a prevalecer um exercício de autoridade ao modo da sociedade civil e sem levar tanto em conta a participação do povo.[206] Portanto, no período da alta Idade Média a Igreja se tornou uma peça da engrenagem feudal reproduzindo em seus quadros a ordem em vigor. Embora, sem adentrar nas aporias, há quem assegure que a Igreja resistiu a assimilar a estrutura feudal em seu interior.[207]

Enfim, dessa breve aproximação feita ao tema é importante ter presente que não foi principalmente Roma a liquidar com situações existentes de colegialidade, por exemplo, na Idade Média. Mais que atribuir isso ao papado, na realidade tal desconstrução se deve à inserção da Igreja nas estruturas políticas de domínio.[208]

1.2.3 A Reforma Gregoriana e a figura papal

Uma menção imprescindível desse contexto que estamos descrevendo é a Reforma Gregoriana. Porém, ela deve ser vista dentro de uma ampla moldura histórica e na qual o ministério papal tem o seu realce. O escopo final dessa reforma foi defender a autonomia e a independência papal diante do imperador.[209]

Posto isso, adentramos propriamente no início do segundo milênio da Igreja que é o período no qual ocorreu a "guinada

205 Cf. Y. Congar, Église et Papauté, p. 115-185 e K. Schatz, *Il Primato del Papa*, p. 128-129; 138-140.

206 Cf. D. Mondoni, *História da Igreja na Antiguidade*, p. 54-56.

207 Cf. P. Eyt, "Vers une Eglise Démocratique?", p. 602.

208 Cf. K. Schatz, *Il Primato del Papa*, p. 113-118; 156.

209 Cf. R. Velasco, *A Igreja de Jesus*, p. 155-159. E para saber o que provocou o centralismo romano, a partir do século XII, com suas variantes positivas e negativas, cf. K. Schatz, *Il Primato del Papa*, p. 128-138.

decisiva". E tratando especificamente do papado a passagem ocorrida é caracterizada como sendo "de testemunha a monarca".[210] Ora, a Reforma Gregoriana propunha corrigir aspectos internos, mas sem que houvesse mudanças nas estruturas sociais do feudalismo.[211] Externamente removia a concepção de submissão do poder espiritual ao temporal. Portanto, realizava-se uma ruptura da unidade Igreja-império começando a diferenciar essas duas realidades com prevalência da Igreja. Foi uma reforma que aconteceu "de cima para baixo", isto é, com base no poder eclesiástico, aos moldes da estrutura da sociedade feudal que prescindia da participação ativa do povo na decisão dos rumos da vida social. Conforme já indicado, a reforma era o modo de a Igreja garantir, afirmar e defender a *libertas ecclesiae*.

Assim, a respeito da obra de Gregório VII (1073-1085, o monge Hildebrando que foi membro da equipe de colaboradores do papa Leão IX), temos de ponderar que:

> ele não queria tirar poder do episcopado, em favor de um papado absolutista. Pretendia restaurar a sua dignidade e liberdade, bem como restaurar as eleições canônicas dos bispos, sem substituir a nomeação imperial com a papal. Só ficou claro que o episcopado constituía uma forte unidade, especialmente como episcopado do reino, implantado em torno do soberano. Quando na era gregoriana foi conseguido dissolvê-lo, pelo menos até certo ponto, deste vínculo com o reino, a força de uma colegialidade eclesial autônoma acabou por ser bastante escassa.[212]

---

210 Cf. H.J. Pottmeyer, *Il Ruolo del Papato nel Terzo Millennio*, p. 22-24. Para mais informações, cf. Y. Congar, *L'Église. De Saint Augustin à l'Époque Moderne*, p. 103; Id., *Entretiens d'Automne*, p. 55; Id., *Pour une Église Servante et Pauvre*, p. 52.

211 É a partir do século XI que o papa reserva para sua jurisdição alguns assuntos, entre esses a escolha dos bispos, cf. J. Flamand, *Saint Pierre Interroge le Pape*, p. 47.

212 K. Schatz, *Il Primato del Papa*, p. 128.

Em certa medida foi por causa desse motivo que posteriormente houve a centralização romana. Ele acreditava que uma reforma radical da Igreja só seria possível com base em um novo ordenamento jurídico da vida eclesial centrado no poder do papa. Por isso com seu beneplácito inaugurou-se a "idade canônica" da Igreja, isto é, o movimento de canonistas, decretistas e decretalistas. Em suma, "Gregório VII desenhou assim as características de uma eclesiologia jurídica dominada pela instituição papal".[213]

Desse período um elemento bastante significativo e que serve para elucidar algo sobre o contexto é o documento com as 27 proposições, chamado de "*Dictatus papae*". Em linhas gerais, ele trata dos direitos e prerrogativas do papa. Há quem veja que tais proposições resultam de material canônico recolhido por Gregório VII e que em boa medida fora extraído de uma falsificação do *Pseudo-Isidoro*.[214] Por outro lado, é-nos assegurado que: "O DP consiste em uma coleção de textos individuais curtos, de importância muito diferente e sem uma ordem sistemática. Segundo os pesquisadores, a origem e finalidade deste documento são até hoje controversas".[215] De qualquer maneira,

> este documento tornou-se como poucos outros símbolos de um papado que, em sua reivindicação de um poder soberano, é colocado mesmo no lugar de Cristo [...] o faz porque está convencido de que a ordem tradicional da igreja é dramaticamente perturbada e o seu ofício o obriga a restaurar a verdadeira tradição (que não se identifica com o "costume" de fato).[216]

---

213 Y. Congar, *L'Église. De Saint Augustin à l'Époque Moderne*, p. 103. Sobre os pontos fracos da monarquia papal, cf. K. Schatz, *Il Primato del Papa*, p. 144. E a respeito da relação entre Papa e bispos, cf. W. Henn, *The Honor of my Brothers: a Short History of the Relation Between the Pope and the Bishops*.

214 Cf. R. Velasco, *A Igreja de Jesus*, p. 165-166.

215 K. Schatz, *Il Primato del Papa*, p. 135.

216 K. Schatz, *Il Primato del Papa*, p. 134-135.

Ele se constituía num instrumento para "acima de tudo, distinguir e fixar a verdadeira e genuína tradição da Igreja em relação a um 'costume' abusivo que pode ter sido afirmado, como, por exemplo, a investidura laical".[217] De tal modo que o *Dictatus papae* deveria ter sido no máximo uma declaração de "estado de emergência" e não como se fosse algo do *estado natural* das coisas do papa.[218] Por conseguinte, a Igreja do século XI ao XIII buscou afirmar sua liberdade diante de qualquer tipo de domínio, com base em uma autoridade central, no caso por meio do papado.[219]

Os papas que sucedem a Gregório VII dão continuidade, em linhas gerais, à reforma iniciada por ele.[220] Eles põem fim aos vínculos de vassalagem e das investiduras e por meio das "coleções canônicas" foram precisando a distinção entre a esfera civil e a eclesiástica, delineando uma Igreja como poder internacional e independente dos poderes dos Estados.[221]

O conjunto das reformas conduziu inevitavelmente para o fortalecimento da autoridade papal. E as teorias eclesiológicas que surgiram a partir do século XIV como um tratado separado sobre a Igreja continham uma eclesiologia da *potestas* papal sem a comunidade ou uma eclesiologia da *ecclesia* sem a soberania do papa. Essas diversas teorias prescindiam da ideia orgânica, ou seja, de conjugar equilibradamente Igreja e papa. A tendência geralmente era de apresentar um dos dois como o mais soberano, criando uma disjunção e oposição entre ambos.[222] Em contrapartida, os

---

217 K. Schatz, *Il Primato del Papa*, p. 136.

218 Cf. J. I. González Faus, *A Autoridade da Verdade*, p. 54-55. Para ver o "*Documento*" na íntegra, cf. R. Tillard, *Il Vescovo di Roma*, p. 63.

219 Cf. K. Schatz, *Il Primato del Papa*, p. 127.

220 Cf. J. Flamand, *Saint Pierre Interroge le Pape*, p. 47-61. Para uma análise das quatro etapas de consolidação da autoridade papal em termos histórico-eclesiológicos, cf. R. Velasco, *La Eclesiología en su Historia*, p. 149-166.

221 Cf. R. Velasco, *A Igreja de Jesus*, p. 168.

222 Cf. Y. Congar, "Quod Omnes Tangit ab Omnibus Tractari et Approbari Debet", p. 244.

reis ou imperadores reivindicavam sua autonomia sem interferência da Igreja.

Desse modo, instaurou-se um intenso conflito entre dois grupos de juristas: os defensores do poder papal e os do poder temporal. E disso resultou uma prevalência (uma só cabeça) do poder espiritual sobre o temporal, ainda que não estivessem dissociados, mas estando este a serviço daquele; é a chamada "teoria das duas espadas", porém em posse da Igreja.

É dentro desse contexto acima descrito que surge outro documento expressivo de exaltação do poder papal.[223] Trata-se da célebre bula de Bonifácio VIII "*Unam Sanctam*" de 18 de novembro de 1302, publicada durante sua disputa com Filipe IV, o Belo, da França, que contém a teoria do poder absoluto do papa e está influenciada pelas ideias filosófico-teológicas gregas e dionisíacas. Tal concepção filosófico-teológica servia de base ideológica para uma hierarquia ideal dada por Deus.[224] Na prática a influência da doutrina dionisíaca foi sobre todo o pensamento medieval caracterizado pela categoria de "hierarquia".[225] Sendo assim, "a ordem hierárquica tal como é descrita por Dionísio parece singularmente *autoritária* e *centralizada*. É uma 'teocracia' na qual os bispos, cada um em sua Igreja, são os ministros todo-poderosos".[226]

E o auge desse enaltecimento da figura papal e do poder eclesiástico que viemos expondo, tem sua referência no pontificado do papa Bonifácio VIII (1294-1303). Em breve, seu ideal era um Estado clerical e teocrático.[227] Foi esse papa quem criou a tiara de tríplice coroa, o *triregnum*. É interessante perceber que "A forma

223 Cf. R. Velasco, *A Igreja de Jesus*, p. 168-171. No tratado "Sobre o Poder Eclesiástico" de Egídio Romano se encontra a base do que será a Bula de Bonifácio VIII, cf. J. I. González Faus, *A Autoridade da Verdade*, p. 53. Sobre esse assunto, cf. K. Schatz, *Il Primato del Papa*, p. 132.
224 Cf. J. Flamand, *Saint Pierre Interroge le Pape*, p. 57-58.
225 Cf. P. Eyt, "Vers une Eglise Démocratique?", p. 603-604.
226 R. Roques, *L'Univers Dionysien*, p. 177 [destaque nosso].
227 Cf. DH 872-875, 495.

da tiara, com sua ampla base e terminando em um único ponto supremo, traduzia bem a ideia da monarquia pontifícia e uma concepção um tanto piramidal da Igreja".[228] Ora, o absolutismo papal contraria frontalmente o princípio de participação, pois assume uma ação arbitrária caracterizada pela *plenitudo potestais*.

Todo esse percurso histórico-eclesiológico, sucintamente exposto, foi em vista de demonstrar que cada contexto socioeclesial concebe a participação dentro de seus limites e de sua "consciência". Por isso seria impossível não reconhecer que no processo de centralização da Igreja no Ocidente houve também aspectos positivos.[229] Afinal, "não se discute sobre a legitimidade da autoridade na Igreja; ela existe e é querida por Deus; questiona-se a forma histórica excludente de sua organização".[230] Assim, não deve haver uma mútua exclusão entre autoridade e participação.

Portanto, a etapa histórica que percorremos rapidamente caracterizou-se por duas concepções teológicas que estavam em conflito: a "cristológico-hierárquica" contra a "comunitário-pneumatológica", ou seja, uma contraposição entre Cristo e o Espírito.[231] Além disso, o modo como era concebido o ministério ordenado restringia a compreensão de Igreja ao clero. Começou a existir uma distinção entre "poder de ordem" e "poder de jurisdição". Destruiu-se a articulação profunda e dinâmica entre Igreja, ministério e eucaristia que existia antes, passando a focar tudo a partir do poder clerical.[232] Por último, a colegialidade episcopal dentro dessa conjuntura estava, senão comprometida, ao menos

228 Y. Congar, *Pour une Église Servante et Pauvre*, p. 118.
229 Cf. B. Sesboüé, *De Quelques Aspects de l'Église*, 155-156 e J. Rigal, *L'Ecclésiologie de Communion. Son Évolution Historique et ses Fondements*, p. 26.
230 L. Boff, *Igreja Carisma e Poder*, p. 76.
231 Cf. Y. Congar, *L'Église. De Saint Augustin à l'Époque Moderne*, p. 272.
232 Cf. R. Velasco, *A Igreja de Jesus*, p. 179-181.

ameaçada. Ao passo que durante todo o primeiro milênio houve a consciência de que "a colegialidade pertencia à mesma apostolicidade da Igreja e, ao mesmo tempo, expressava sua estrutura de comunhão de igrejas".[233]

A fase posterior da Contrarreforma não conseguiu fazer que a Igreja adentrasse na sua era moderna, nem que favorecesse um sistema eclesial mais participativo. Basicamente "a reforma tridentina rejeitou a reforma protestante, que se propunha atingir os níveis institucional e doutrinal da Igreja, e propôs apenas a reforma moral e disciplinar, especialmente do clero".[234] Destarte, o Concílio de Trento não representou um passo decisivo no sentido de erradicar os problemas na raiz.[235] E, assim, os pilares do edifício eclesial gregoriano foram fortalecidos, conduzindo a Igreja a uma nova forma de "centralização romana". Isso inviabilizou as expressões de diferenças e de participação na vida eclesial, pois passou a vigorar a identificação de unidade com uniformidade.[236] De modo que, "o aspecto hierárquico da Igreja foi dogmaticamente defendido. Por outro lado, o sacerdócio comum, como apelo à responsabilidade compartilhada e ao testemunho, permaneceu na sombra".[237] Em suma, preponderou a dimensão institucionalista na Igreja, defendendo justamente o que era negado pelos seus opositores.[238]

---

233 H. J. Pottmeyer, *Il Ruolo del Papato nel Terzo Millennio*, p. 27. Para uma análise histórica do episcopado, O. Rousseau, "La Doctrine du Ministère Épiscopal et ses Vicissitudes dans l'Église d'Occident", p. 296-308; Y. M.-J. Congar, "Notes sur le Destin de l'Idée de Collégialité Épiscopal en Occident au Moyen Age (VIIe-XVIe siècles)", p. 113ss. e G. Alberigo, "La Collégialité Épiscopale selon Quelques Théologiens de la Papauté", p. 183-221.

234 J. A. Ruiz de Gopegui, "O Concílio Vaticano II Quarenta Anos Depois", p. 17 [nota 17]. Quanto à autoridade papal a partir de Trento, cf. K. Schatz, *Il Primato del Papa*, p. 183-187.

235 Cf. H. Küng, *Cristianesimo. Essenza e Storia*, p. 475-497.

236 Cf. F. Houtart, "Conflicts of Authority in the Roman Catholic Church", p. 319.

237 O. Karrer, "Ministère. II. Étude historique", p. 79.

238 Cf. A. Dulles, *A Igreja e seus Modelos*, p. 35. O autor se refere ao catolicismo romano (de 1550 a 1950) que nomeia de "modelo institucionalista" de Igreja. "Nessa teologia tende a Igreja a se tornar uma instituição *total* – que existe por causa de si mesma e só serve aos outros engrandecendo-se a si própria". Ibid., p. 43.

Por fim, esse modelo que descrevemos, enquanto categoria ampla, inclui outras expressões em seu bojo como a denominada de modelo jurídico-societário. Na realidade, as características deste se inserem muito bem dentro da tendência e do conjunto vistos anteriormente.[239] Fato é que com a desagregação da cristandade, e tendo a Igreja que garantir seu lugar, foi preciso um suporte jurídico face aos "outros" poderes temporais. Isso explica a prevalência do jurídico na Igreja a partir do século XI. Ela se torna um "sujeito jurídico" de direitos e poderes. Do século XIV em diante, a *potestas* (inerente ao sacerdócio e sobretudo ao papado) acabará impondo-se sobre a realidade *teologal* e *sacramental*. Essa inversão da "mística" em "direito" se caracterizou como uma verdadeira teologia política.[240] Porém, a elaboração teórica mais completa sobre a preponderância do jurídico na vida da Igreja se encaixa no chamado modelo de *societas perfecta*.[241]

1.3 Breve conclusão sistemática sobre os modelos

Do exposto, e tendo em conta as devidas ressalvas que já fizemos, podemos inferir que os modelos servem didaticamente para nos auxiliar na compreensão dos contextos socioeclesiais dentro dos quais a participação ocorre de um modo ou de outro. Portanto, faz-se mister entender adequadamente a asserção de que "ao policentrismo do primeiro milênio se substitui um monocentrismo que sempre tenderá mais a se tornar monolítico".[242] Em outros termos, "é inegável que a Igreja do primeiro milênio *esteve mais próxima* [do quadro ideal] *que a Igreja do segundo*

239 Cf. C. Palácio, "Da Autoridade na Igreja", p. 159.

240 Cf. C. Palácio, "Da Autoridade na Igreja", p. 161-163.

241 Cf. J. Rigal, *L'Ecclésiologie de Communion*, p. 33-37 ; R. Minnerath, *Le Droit de l'Église à la Liberté*, p. 21; 23-80. E sobre a juridicização da Igreja, consolidada no século XIV, cf. Y. Congar, *L'Église. De Saint Augustin à l'Époque Moderne*, p. 145-155.

242 G. Alberigo, "La Collégialité Épiscopale selon Quelques Théologiens de la Papauté", p. 186.

milênio e dos últimos séculos".[243] Sem tal distinção, perderíamos o referencial para a análise com base nos modelos, conforme foi nossa opção metodológica. Obviamente que está pressuposto na leitura feita o dado da dialeticidade da História e da inspiração divina no que tange à vida eclesial. No que concerne especificamente ao papado, longe de colocarmos em dúvida a importância desse ministério para a unidade cristã, quisemos mostrar outrossim que: "Não faltaram na história do papado erros humanos e faltas, inclusive graves [...]".[244] Porém, o objetivo principal foi de evidenciar que pode existir um modo mais apropriado de se exercer tal ministério.[245]

Posto isso, deduz-se que a lógica da eclesiologia do segundo modelo teve como seu princípio estruturante a primazia do institucional e a hipertrofia do hierárquico.[246] Ora, isso significou que tal eclesiologia se definiu fundada em critérios "extrínsecos" em detrimento da dimensão propriamente teologal e sacramental. Houve enaltecimento do "corpo" institucional sem a incidência pneumatológica, podendo se assemelhar a qualquer outra instituição humana. Tudo isso já foi teologicamente denominado e bem caracterizado.[247] Ora, a hierarquia que faz parte constitutiva do ser eclesial substituiu a comunidade tornando-se sinônimo de Igreja. Em consonância com o exposto, faltou considerar disso tudo que "exceto os casos especiais que visam formalmente uma situação de autoridade, o que é fundada nos Doze, não é

243 J. I. González Faus, *A Autoridade da Verdade*, p. 227.
244 CDF, "El Primado del Sucesor de Pedro en el Misterio de la Iglesia", p. 412.
245 Cf. João Paulo II, *Carta Encíclica Ut Unum Sint*, [95] 73. A propósito, há um artigo conciso, fundamentado, crítico e iluminador, cf. E. Hoornaert, "O Bispo de Roma", p. 145-162.
246 Cf. C. Palácio, "Da Autoridade na Igreja", p. 164-170; A. Dulles, *A Igreja e seus Modelos*, p. 33-47.
247 Cf. Y. Congar, "Le Développement Historique de l'Autorité dans l'Église. Élements pour la Réflexion Chrétienne", p. 168-169; cf. Id., "La Hiérarchie Comme Service selon le Nouveau Testament et les Documents de la Tradition", p. 67-99.

apenas a hierarquia, mas é a Igreja".[248] Deu-se uma identificação entre eclesial e eclesiástico. Este segundo aspecto mencionado é o que foi definido pelo exímio eclesiólogo do século XX de *hiérarchologie*.[249] E isso contraria o princípio vital de que "a Igreja é a comunidade cristã. Ela tem líderes, mas ela não consiste em uma estrutura jurídica de autoridade".[250] Isso trouxe consequências danosas, tais como a clericalização e a desigualdade no interior da vida eclesial etc., afirmando-se assim a chamada visão piramidal de Igreja que se assemelha mais aos moldes de poder soberano dos Estados modernos que ao ministério evangélico.

Em meio a isso, o leigo era definido pelos canonistas como "aquele que não tem participação nenhuma no poder, quer de jurisdição, quer sobretudo de ordem". De modo que prevalecia nitidamente a distinção de classes e a inferioridade dos não clérigos. A autoridade hierárquica era tida como princípio estruturante da vida eclesial e a realidade autônoma, anterior, exterior e superior à comunidade eclesial. Portanto, estava vedado qualquer espaço de participação.[251]

A conclusão que se impõe é que um modelo eclesial, quando exclui a participação e a comunhão e no qual os laços orgânicos se enfraquecem e prevalece somente o dado institucional e organizativo, tende a assumir a performance de uma Igreja piramidal e centralista. Há quem justifique o centralismo romano com duas razões que de fato são irrenunciáveis: a liberdade das Igrejas locais e a unidade. No entanto, faz-se mister ponderar que "é perfeitamente pensável, para se obterem os mesmos resultados, uma outra forma de Igreja (comunional), com sua estratégia

---

248 Y. Congar, *Ministères et Communion Ecclésiale*, p. 19.
249 Cf. Y. Congar, *Ministères et Communion Ecclésiale*, p. 10.
250 Y. Congar, "Quelques Expressions Traditionnelles du Service Chrétien", p. 130.
251 Cf. C. Palácio, "Da Autoridade na Igreja", p. 166.

correspondente (participativa), como se comprova pelo exemplo da Igreja antiga, no I milênio".[252] O povo crente torna-se mero expectador, ao invés de participante ativo.[253] Os escritos sobre a Igreja (fins do século XIII e inícios do XVI até as vésperas do Vaticano II), através de seus conteúdos, revelam bem em que consistia essa concepção hierárquica exclusivista. Em modo conciso era a desnaturalização evangélica da Igreja.

252 C. Boff, "Uma Análise de Conjuntura da Igreja Católica no Final do Milênio", p. 142 [nota 28].

253 Cf. R. Velasco, *A Igreja de Jesus*, p. 173-179.

II

A EVOLUÇÃO DA CONSCIÊNCIA ECLESIAL NA HISTÓRIA: DOIS MODELOS ECLESIOLÓGICOS

Em continuidade com o que apresentamos sobre os dois modelos eclesiais, tomaremos os últimos dois Concílios Ecumênicos como ícones eclesiológicos. A chave hermenêutica com a qual os analisaremos será também a da participação. Fazemos tal aproximação a esses dois Concílios a fim de ultrapassar o campo meramente abstrato dessa tratativa.[1] No entanto, é preciso reconhecer também que "os vários modelos, sem contradizer-se diretamente, realçam diferentes aspectos e funções, insinuando diferentes prioridades e metas".[2] Portanto, com base nas duas perspectivas conciliares buscaremos identificar *grosso modo* as principais categorias que estejam implicadas com o nosso tema. Todavia, nosso foco não será a questão da hermenêutica conciliar. Além disso, em Eclesiologia a coexistência de tendências opostas é um princípio muito presente e isso deve ser observado para evitar análises parciais. Em outras palavras, "a Igreja é, por sua própria natureza, um *complexio oppositorum* e as tensões são inerentes a ela pela lei da vida".[3] Assim, por um lado, é prudente não "identificar sem mais, a tendência eclesiológica denominada hierarcológica com o Vaticano I e a de comunhão com o Vaticano II. Na verdade, as duas tendências estavam presentes e ativas em ambas as assembleias".[4] Por outro lado, porém, não há como negligenciar que

1 Cf. P. Delooz, "La Participation dans l'Église Catholique", p. 12-13.
2 A. Dulles, "A Eclesiologia Católica desde o Vaticano II", p. 666.
3 A. Antón, "Eclesiología Posconciliar: Esperanzas, Resultados y Perspectivas para el Futuro", p. 284.
4 A. Antón, "Eclesiología Posconciliar: Esperanzas, Resultados y Perspectivas para el Futuro", p. 285 e cf. A. Acerbi, *Due Ecclesiologie*.

> O Vaticano I menciona como único sujeito o papa, que é descrito como o monarca da Igreja agindo de maneira soberana. O Vaticano II inclui na condição também de sujeito da Igreja, os bispos, os sacerdotes e os leigos e, nesta ocasião, a função ativa dos leigos é caracterizada pela primeira vez por um concílio.[5]

Portanto, em matéria de concílio é indiscutível a existência de inovações e continuidade. E essa exposição em modo de dois ícones, objetiva tão somente analisá-los pelo viés da participação, sem criar uma tipologia que seja equívoca.[6] Afinal, o Vaticano II manifesta uma forte identificação com o primeiro modelo eclesial apresentado, por meio de sua dinâmica de "volta às fontes (*réssourcement*)". Ele "pôs os alicerces de uma nova eclesiologia voltada para a Bíblia, a tradição do primeiro milênio e a permanência do fermento de liberdade escondido durante o segundo milênio sob a teoria e a estrutura oficial do modelo gregoriano".[7] Destarte, a atual consciência eclesiológica se liga a um longo lastro eclesiológico, e de certo modo, ainda é influenciada por esse elemento do passado. Seria, portanto, descabido julgar o passado com a visão atual que temos. Igualmente seria desastroso querer simplesmente dar continuidade ao modo eclesial que existia no passado sem se deixar interpelar pela "consciência possível" em nosso presente.[8] Em contrapartida, não é descabido inferir uma relativa correspondência entre o entorno do Vaticano I e o segundo modelo eclesial visto, pois percebe-se que:

> A Igreja Católica, determinando a sua posição de independência da sociedade profana e do Estado, se apresentou ao mesmo tempo – algo que talvez seja inevitável até certo ponto, mas que

5 H. Pottmeyer, "Continuità e Innovazione nell'Ecclesiologia del Vaticano II", p. 88.
6 Cf. A. Dulles, "A Eclesiologia Católica desde o Vaticano II", p. 674-676.
7 J. Comblin, *Vocação para a Liberdade*, p. 298.
8 Cf. C. Palácio, "Da Autoridade na Igreja", p. 153-155.

também obscureceu a própria igreja – como uma imagem do estado, em particular, cada vez mais, do moderno estado administrativo centralizado.[9]

1. O Concílio Vaticano I (1869-1870)

Existe um contexto anterior a esse Concílio que permite compreender melhor as opções tomadas por ele. Pois a proclamação dos dogmas relativos ao magistério do papa no Vaticano I constitui o coroamento de um longo processo que remonta ao período da Revolução Francesa. Esta, ao possibilitar a destruição do *Ancien Régime*, favoreceu a concentração de força e de projeção da figura papal. No entanto, não se pode falsear historicamente propondo que houve ao longo da História um consenso sobre as prerrogativas do papa em caráter absoluto. Tanto é que até às vésperas do Vaticano I se discutia se os bispos tinham ou não direito de participação no governo da Igreja Universal.[10] Em síntese, sucedeu que:

> O vigoroso surto institucionalista veio nos fins da Idade Média e na Contra-Reforma, quando os teólogos e canonistas, respondendo aos ataques ao papado e à hierarquia, acentuaram precisamente as características que os adversários negavam [...] A perspectiva institucional alcançou o seu ápice na segunda metade do século dezenove e se exprimiu com singular clareza no primeiro esquema da Constituição Dogmática sobre a Igreja preparada para o Concílio Vaticano I.[11]

Em vista do nosso escopo analítico é suficiente ressaltar a primazia de jurisdição episcopal, imediata e ordinária do papa

9 K. Schatz, *Il Primato del Papa*, p. 223.

10 Cf. H.J. Pottmeyer, *Il Ruolo del Papato nel Terzo Millennio*, p. 40-59; Y.-M. Congar, "L'Ecclésiologie, de la Révolution Française au Concile du Vatican, sous le Signe de l'Affirmation de l'Autorité", p. 77-114; H. Küng, *Cristianesimo. Essenza e Storia*, p. 497-508; K. Schatz, *Il Primato del Papa*, p. 223.

11 A. Dulles, *A Igreja e seus Modelos*, p. 35-36.

sobre toda a Igreja que foi afirmada nesse Concílio. Por sua vez, os padres conciliares (minoria) conseguiram a inserção de um parágrafo sobre a autoridade própria dos bispos e também que no prólogo se relembrasse que o episcopado, tanto quanto o papado, era de instituição divina.[12] Portanto, sem adentrar nas controvérsias em torno daquela definição e na da infalibilidade do magistério pontifical, queremos apenas acenar que isso torna o Vaticano I mais próximo da tipologia do segundo modelo eclesiológico. Pois, a definição do primado e da infalibilidade produz na prática o que não visava afirmar enquanto teoria, isto é, uma centralização do poder.[13] Assim elas acabam sendo vistas como expressões de centralização romana e de "monarquia pontifical".[14] Tanto é verdade que

> De fato, depois do Vaticano I, a posição do papa em relação aos bispos corresponde em grande parte ao conceito constitucional de "absolutismo", é difícil negar: na verdade existem outros poderes autônomos, mas nenhum que em caso de emergência possa limitar legitimamente aquele do papa.[15]

Contudo, há quem veja que o Vaticano I não afirmou nem excluiu a monarquia pontifícia. Aliás, absteve-se de fazer uma análise global do regime de governo da Igreja.[16] Nesse sentido, malgrado as inconfundíveis evidências, há alguma leitura que ainda enxerga no Vaticano I nuances de equilíbrio eclesiológico favorável à participação. Obviamente vai pressuposto nisso as diferentes correntes e interpretações desse concílio.[17] Pois não é

12 Cf. Concílio Vaticano I, *Const. Dog. Pastor Aeternus*, (DH 3061; 3051) e J. O. Beozzo, "Igreja Particular e Colegialidade Episcopal: do Vaticano I ao Vaticano II", p. 133.
13 Cf. H. Fries, "Modificação e Evolução Histórico-Dogmática da Imagem da Igreja", p. 49.
14 Cf. B. Sesboüé, *De Quelques Aspects de l'Église*, p. 156.
15 K. Schatz, *Il Primato del Papa*, p. 220.
16 Cf. A. Acerbi, "Para uma Nova Forma do Ministério Petrino", p. 163.
17 Cf. H. J. Pottmeyer, *Il Ruolo del Papato nel Terzo Millennio*, p. 98-104; 126-132.

irrelevante sentenciar que "O Concílio Vaticano I não trata diretamente da participação dos leigos nas decisões da Igreja. Mas indiretamente essa questão é conhecida dele".[18]

Entretanto, uma visão de conjunto aponta para uma situação mais complexa e menos participativa desse Concílio.[19] É elucidativo o fato de que foram convidados para participar do Vaticano I alguns representantes de outras denominações cristãs. Porém, com a exigência que se reconhecessem erradas e dispostas a retornarem para a Igreja Católica.[20] Além disso, "pela primeira vez um Concílio reunia-se só entre clérigos, na ausência de leigos [...]".[21] Obviamente isso vai compreendido dentro do contexto de independência da Igreja em relação à presença dos chefes de Estado católicos. Um fato histórico de menor importância, mas que vale registrar é que os bispos brasileiros participaram pela primeira vez de um Concílio da Igreja no Vaticano I.[22]

Ademais, "a linguagem dos textos, de hermenêutica difícil, aliada à estrutura autoritária das relações eclesiais, jogava a favor da rápida extensão da interpretação ultramontana".[23] Por fim, os textos desse Concílio não contêm quase absolutamente nenhum registro de vocábulos relativos à participação ou equivalentes.[24]

Portanto, daquilo que foi sucintamente exposto, nos é permitido afirmar que não existe um "modelo" definitivo e supra-histórico de papado, mas cada contexto socioeclesial exigiu que

---

18 A. S. Pereira, "Participação dos Leigos nas Decisões da Igreja à Luz do Vaticano I e II", p. 94.

19 Cf. J.O. Beozzo, "Igreja Particular e Colegialidade Episcopal: do Vaticano I ao Vaticano II", p. 135-137; H. Küng, *Structures de l'Église*, p. 118-119.

20 Cf. J.A. Ruiz de Gopegui, "O Concílio Vaticano II Quarenta Anos Depois", p. 12 [nota 3] e J. O. Beozzo, "Igreja Particular e Colegialidade Episcopal: do Vaticano I ao Vaticano II", p. 126-127.

21 J. O. Beozzo, "Igreja Particular e Colegialidade Episcopal: do Vaticano I ao Vaticano II", p. 129.

22 Cf. A. Rubert, "Os Bispos do Brasil no Concílio Vaticano I (1869-1870)", p. 103-120.

23 J. A. Ruiz de Gopegui, "O Concílio Vaticano II Quarenta Anos Depois", p. 15.

24 Cf. Cetedoc. Universitas catholica lovaniensis lovanii novi, *Thesaurus Conciliorum Œcumenicorum et Generalium Ecclesiae Catholicae*, 279-280. Nem mesmo em torno da ideia de "cooperação", cf. Ibid., p. 94.

essa instituição se reinventasse e se adequasse. Por isso, qualquer apologia a um determinado perfil torna-se nociva ao que o ministério petrino comporta.[25] Sendo extremamente importante observar que, ao longo de toda a história, o enrijecimento do papado foi menos de natureza dogmática e mais de natureza ideológico-cultural.

De modo que do Vaticano I propriamente, não se deduz que o episcopado deva ser subordinado e que não tem nenhuma importância na Igreja. Tanto o Vaticano I como o II ensinam que a função mais importante do primado é defender e promover a função dos bispos.[26] E a própria reação dos bispos alemães ao texto do chanceler Bismark revela bem o grau de consciência que se tinha. Mas o dado complicador estava na corrente eclesiológica ultramontanista e na personalidade de Pio IX em osmose com o ultramontanismo.[27] São esses elementos que compuseram a interpretação maximalista do ministério petrino.[28]

Enfim, de tudo que foi ponderado, podemos, então, *grosso modo* inferir que "a porta de entrada da eclesiologia do Vaticano I continua sendo, em grande parte, expressa em termos de sociedade e não de comunhão [...]".[29] Por conseguinte, embora reconhecendo que esse Concílio se constitui elo incancelável na cadeia de tradição dogmático-eclesial, buscamos demostrar que ele tem menos afinidade com um projeto eclesial que seja participativo.

---

25 Para uma ideia do alcance de exageros nessa direção, cf. J. I. González Faus, *A Autoridade da Verdade*, p. 217-219.

26 Cf. Concílio Vaticano I, *Pastor Aeternus* III e LG 27b.

27 Cf. J.-M. R. Tillard, *Il Vescovo di Roma*, p. 24-43

28 Cf. J. O. Beozzo, "Igreja Particular e Colegialidade Episcopal: do Vaticano I ao Vaticano II", p. 137-151.

29 J. O. Beozzo, "Igreja Particular e Colegialidade Episcopal: do Vaticano I ao Vaticano II", p. 124.

2. O Concílio Vaticano II (1962-1965)

É sobejamente sabido que vários fatores concorreram como preparação e motivação para esse macro acontecimento eclesial.[30] Havia mormente um lato contexto social de reivindicação por participação no qual a Igreja estava inserida.[31] Embora abdiquemos de aprofundar a descrição histórica do contexto de origem, é suficiente ressaltar que o século XX foi "o século da Igreja".[32] Nesse período a Igreja expressou seu dinamismo e vitalidade com opções corajosas:

> Desde o início do Vaticano II, ficou claro que um dos problemas do Concílio era o da democracia interna, a da opinião pública na Igreja. Não se tratava de transpor para a Igreja a concepção do Estado, mas de uma transformação a partir de suas próprias raízes. A palavra-chave era a *participação*: pensar, decidir, atuar em conjunto, em vez de deixar aos outros – como se fossem uma mãe solícita – a tarefa de pensar, decidir, atuar por nós. Isso não só se adapta ao cidadão, consciente de si mesmo, da sociedade moderna, mas muito mais ao cristão.[33]

Portanto, sendo esse Concílio o epicentro da eclesiologia atual não vamos adentrar em todas as constantes que o compõem, pois esta seria uma empresa longa e complexa. Por motivo de delimitação de nosso objeto de estudo não afrontaremos as controvérsias em torno de sua hermenêutica.[34] Mesmo porque, "as conhecidas ambiguidades do Vaticano II não são compromissos escusos no

---

30 Cf. J. Frisque, "L'Écclésiologie au XXe Siècle", p. 412-456; G. Alberigo, *Storia del Concilio Vaticano II*.

31 Cf. G. Defois, "Critica delle Istituzioni e Domanda di Partecipazione", p. 45-50.

32 Cf. O. Dibelius, *Das Jahrhundert der Kirche. Geschichte, Betrachtung, Umschau und Ziele*; cf. R. Aubert, "Durant la Première Moitié du XXe Siècle", p. 423-478; J. Comblin, "Depuis la Fin du Pontificat de Pie XII", p. 479-496.

33 H. Heinz, "Democracia en la Iglesia", p. 164.

34 Cf. ATI, *La Chiesa e il Vaticano II. Problemi di Ermeneutica e Recezione Conciliare*; B.J. Hilberath, "La Iglesia como "Communio": ¿Fórmula Mágica o Programa de Acción?", p. 15-23.

sentido de trocas ou conchavos entre partes rivais, mas, na maior parte, decisões comuns para proteger a liberdade dos católicos de investigar mais a fundo temas que ainda precisam de maior esclarecimento".[35] Porém, de antemão e à parte das celeumas que suscita, temos de aceitar a advertência de que seria ingênuo pensar o Vaticano II como *pura justaposição* de duas tendências irreconciliáveis ou interpretá-lo como simples disputa entre conservadores e progressistas. Nos seus textos ficaram as marcas do confronto entre duas perspectivas eclesiológicas. Mas esses indícios não significam que o Concílio não tenha caminhado para uma síntese superior. Não se trata só de uma mudança de perspectivas. O que o Vaticano II mudou foi o princípio articulador e estruturante da eclesiologia.[36]

Em todo caso, o indubitável é que não se pode negligenciar a singularidade desse Concílio. Pois, ele

> marcou o fim de uma época; se dermos um passo atrás, veremos que marcou mesmo o fim de uma série de épocas, o fim de uma era. Pode-se dizer que, de certa forma, ele encerra a chamada era Constantiniana, a era do cristianismo de tipo medieval, a era da Contra-Reforma, a era do Vaticano I.[37]

Destarte, esse Concílio realiza uma volta às fontes e mantém sua ligação e vitalidade com o conjunto da Tradição, sem eclipsar a verdade de ser também portador de novidades.[38] Ademais, esse Concílio utilizou uma "nova linguagem".[39] Portanto, é plausível que seja tomado como chave hermenêutica para interpretar a

35 A. Dulles, "A Eclesiologia Católica desde o Vaticano II", p. 665.

36 Cf. C. Palácio, "Da Autoridade na Igreja", p. 172.

37 Cardinal Suenens, *La Coresponsabilité dans l'Église d'Aujourd'hui*, p. 11 e Y. Congar, *L'Église. De Saint Augustin à l'Époque Moderne*, p. 463.

38 Cf. Cardinal Suenens, *La Coresponsabilité dans l'Église d'Aujourd'hui*, p. 29.

39 Cf. B. Kloppenburg, *O Cristão Secularizado*, p. 167-168.

realidade eclesial atual.[40] De modo que o Vaticano II não poderá ser interpretado a partir do Vaticano I.[41]

Assim, nossa sumária análise será baseada em textos conciliares e de alguns estudiosos priorizando captar a noção de participação implícita e explicitamente presente. Embora seja constatável que "poucos comentaristas do Concílio consideraram de forma sistemática e teológica o lugar da noção de participação nos documentos".[42] No entanto, quem o faz pondera que "se o Vaticano II nunca aplica a noção de democracia à Igreja, ele conhece, por outro lado, a categoria de participação. Mesmo que esta última não seja equivalente à primeira, devemos admitir que estão relacionadas".[43] Nesse sentido, a Igreja adota novos termos para expressar sua realidade teológica. Pois,

> se for entendido que o Vaticano II certamente também é marcado por seu tempo, quando adota a linguagem de participação e promove formas institucionais que a valorizam e a permitem [...], a participação promovida pelo Concílio não se sacrifica da Igreja, mas uma renovação em sua propria tradição.[44]

Ora, todos esses elementos propedêuticos expostos até o momento, evidenciam o quanto a noção de participação é rica, mas porta outrossim desafios. Por conseguinte, impõe-se o realismo de análise que assinala:

> esse desejo de participar do poder da Igreja existe em todos os níveis do povo de Deus e o Concílio Vaticano II consagra sua legitimidade em toda a sociedade e, conseqüentemente, no

---

40 Cf. G. Dejaifve, *Un Tournant Décisif de l'Ecclésiologie a Vatican II*, p. 5-9; J. O. Beozzo, "Igreja Particular e Colegialidade Episcopal: do Vaticano I ao Vaticano II", p. 154.

41 Cf. B. J. Hilberath, "La Iglesia como 'Communio': ¿Fórmula Mágica o Programa de Acción?", p. 17.

42 F. Moog, *La Participation des Laïcs à la Charge Pastorale*, p. 126.

43 G. Routhier, "L'Église Catholique. Entre Participation et Technocratie", p. 88.

44 G. Routhier, *Le Défi de la Communion*, p. 191-192; Id., "La Synodalité de l'Église Locale", p. 129.

interior da sociedade religiosa. Sua prática não é tão simples como a declaração de princípio nos deixaria presumir. Essa participação não entra em conflito com um dos fundamentos da Igreja: as distinções do poder hierárquico? Entre a utopia e o erro, a realização é construída com grande dificuldade.[45]

Além do que já foi evocado, é preciso considerar que existe "a dificuldade de determinar uma noção cujos campos de aplicação são muito grandes e o fato de que nenhum autor tenha desenvolvido uma teoria estruturada da participação".[46] De modo que nossa tarefa será de buscar compreender quais são os reais alcances e limites da proposta conciliar. Pois há queixas de que diante de tantas sugestões de participação do clero e dos leigos na vida eclesial, faltou refletir mais profundamente sobre os fundamentos e medidas da participação.[47] Ora, frente a isso, acreditamos que se deva alegar que:

> O Vaticano II não só ofereceu o fundamento eclesiológico para a participação ativa de toda pessoa cristã na vida e missão da Igreja, mas propôs canais apropriados para isso. Ao ter uma experiência muito discreta nesta área, a assembléia conciliar não podia entrar em detalhes nem pensar em uma articulação das diferentes instâncias de participação de todos os membros do povo de Deus. Aqui, também podemos observar o progresso e a limitação, a força e a fraqueza do Concílio: decididamente optou pela participação e pela criação de canais para isso, mas sem oferecer uma articulação suficiente. Isso provocou o interesse pelas concreções jurídicas de uma eclesiologia de comunhão, uma vez que uma teologia sem mediações corre o risco de se tornar lírica mais ou menos agradável ao ouvido.[48]

---

45 A. P. Silva, *L'Équipe Sacerdotale, Pourquoi Faire?*, p. 241.
46 F. Moog, *La Participation des Laïcs à la Charge Pastorale*, 382.
47 Cf. H. Legrand, "La Sinodalità al Vaticano II e Dopo Il Vaticano II", 86.
48 A. M. Unzueta, "Democracia y Comunión en la Iglesia", p. 160.

Ademais, sem entrar no mérito do método lexicológico, mas se nos restringíssemos somente em individuar o léxico "participação" nos textos do Concílio Vaticano II isso já chamaria a atenção. Porque indubitavelmente a participação é um termo recorrente nas páginas conciliares sendo evocado 135 vezes.[49] Essa abundância identificada por esse índice referente ao Vaticano II contrasta com todos os demais Concílios nos quais está quase ausente.[50] E em se tratando de agrupar sistematicamente esses termos é possível constatar que:

> o campo semântico da participação caracteriza-se pela sua distribuição homogênea em torno de quatro temas facilmente demarcados: participação na liturgia (trinta e sete ocorrências), participação na comunhão oferecida por Deus (vinte e quatro ocorrências), participação na vida e na missão da Igreja (quarenta e oito ocorrências) e participação na vida social e política (vinte e seis ocorrências).[51]

Embora utilizemos elementos da supracitada classificação, não a assumiremos como tal. De qualquer modo está claro que o uso do termo não é homogêneo. Dos textos conciliares apenas *Nostra aetate* não contém nenhuma referência e dois terços estão concentrados em LG, SC, GS e PO.[52] Ora, quando um termo é tomado isolada e literalmente revela pouco de seu significado e pode sofrer variações qualitativas. Por isso, o conceito

---

49 Cf. N. X. Ochoa Sanz, "*Particeps, Participans, Participatio, Participatus et Participo*", *Index Verborum cum Documentis Concilii Vaticani Secundi*, p. 358-359.

50 Cf. Cetedoc, *Thesaurus Conciliorum Œcumenicorum et Generalium Ecclesiae Catholicae*, p. 279-280. Para outras indicações numéricas do termo nos textos conciliares, cf. P. Delooz, "La Participation dans l'Église Catholique", p. 5 [nota 6] e A. Antoniazzi, "Estruturas de Participação nas Igrejas Locais", 200 [nota 7].

51 F. Moog, *La Participation des Laïcs à la Charge Pastorale*, p. 110-111.

52 Cf. F. Moog, *La Participation des Laïcs à la Charge Pastorale*, p. 112. Por sua vez, "as ocorrências do campo semântico da participação se distribuem nos textos conciliares da seguinte maneira (ordem decrescente). *SC*: 27 ocorrências, *LG*: 25, *PO*: 19, *GS*: 18, *AG*: 10, *AA*: 9, *CD*: 5, *GE*: 5, *PC*: 4, *UR*: 3, *DV*, *OE*, *IM* et *DH*: 1 ocorrência cada uma". Ibid., p. 112 [nota 17].

de participação é precisado de maneira operacional por outros termos como colaboração, cooperação, coordenação e solidariedade. O emprego de todos esses termos visa demonstrar que na Igreja ninguém age isoladamente, mas muitos estão presentes na ação de quem preside. Além disso, o Concílio raramente utilizou o conceito participação em maneira absoluta. Sempre o fez acompanhar de um adjetivo (ativa, diversificada etc.). Portanto, não se pode concluir que a participação de todos seja cada um cumprindo a mesma função do outro.[53] A participação na vida e missão da Igreja é diferenciada por causa da diversidade dos carismas, ou seja, há uma origem de tudo que é pneumatológica.[54]

É óbvio que a ideia de participação ultrapassa a esfera meramente lexical dos textos conciliares, ainda que esta também seja significativa, perpassando todo o espírito conciliar do Vaticano II. De forma que a caracterização eclesiológica da participação no Vaticano II tem seu núcleo na "participação humana na economia da salvação" ou "participação na vida divina". Em várias passagens textuais o Vaticano II evoca a noção de participação de todos os batizados(as) nesse sentido: LG 2, 7, 11, 26, 41, 48, 62; GS 15, 18, 21, 22, 40, 48 e 50; AG 2, 3 e 5; PO 2, 9 e 13; PC 5 e 13; AA 2 e DH 3.[55]

Ademais, deve-se acrescentar ao lado desse núcleo impostativo, fatos como a presença de pessoas de outras denominações cristãs corroborando a "pentecostes da participação" do Vaticano II. Embora deva-se admitir que "não tinham voz ativa na aula conciliar; podiam, contudo, enviar sugestões ao Secretariado do Concílio para melhorar os textos em elaboração. Foram 60 os

---

53 Cf. G. Routhier, "La Synodalité de l'Église Locale", p. 115.

54 G. Routhier, *Le Défi de la Communion*, p. 65; 189.

55 Cf. F. Moog, *La Participation des Laïcs à la Charge Pastorale*, p. 383. Para informações mais completas sobre isso, cf. Ibid., p. 117-119; 383-394.

observadores que participaram do Concílio, designados oficialmente pelas Igrejas ou alianças de Igrejas cristãs não romanas".[56]

Portanto, nosso passo subsequente consistirá em expor concisamente algumas das principais categorias teológicas do Vaticano II que remetem à noção de participação e que traduzem a nova dinâmica eclesial proposta, malgrado seus limites. Antes mesmo de se encerrar o Concílio Vaticano II havia a impressão de que a Igreja estava assumindo "uma mudança no centro de gravidade, na direção da descentralização".[57] No entanto, ao pontuar isso é sumamente relevante atentar para o seguinte:

> A *descentralização* é uma condição que *pode* tornar a *participação* mais fácil porque ela aproxima dirigentes e dirigidos; no entanto, ela não desencadeia automaticamente a participação, como o demonstram algumas igrejas ortodoxas, que são decididamente descentralizadas, mas às vezes dão pouco espaço para a participação, embora o princípio da sinodalidade seja característico das Igrejas orientais.[58]

Posto isso, passamos a apresentar as tais categorias teológicas conciliares da participação. Embora elas sejam tomadas didaticamente em separado estão interligadas por uma lógica decorrente do próprio espírito conciliar. É possível inferir isso com base na seguinte observação: "Gradualmente, a ideia da participação ativa de todos, adquirida em questões litúrgicas, se estenderá ao conjunto da vida da Igreja, especialmente no campo de seu governo".[59] Mesmo que haja considerações que a comunhão seja "o conceito central e fundamental nos documentos do Concílio"[60]

---

56 J. A. Ruiz de Gopegui, "O Concílio Vaticano II Quarenta Anos Depois", p. 13 [nota 6].
57 E. Schillebeeckx, *L'Église du Christ et l Homme d'Aujourd'hui Selon Vatican II*, p. 123.
58 P. Delooz, "La Participation dans l'Église Catholique", p. 14 [nota 6].
59 G. Routhier, "L'Église Catholique. Entre Participation et Technocratie", p. 90 e Id., *Le Défi de la Communion*, p. 151.
60 G. Danneels, "Rapport Final", 559.

ou que "pode ser uma chave de leitura para uma renovada eclesiologia católica",[61] e por fim, que lhe seja o "fio condutor".[62] No entanto, na prática a participação se torna o elemento qualificante da comunhão.

a) Povo de Deus:[63] esta imagem ou concepção eclesiológica assumida pelo Concílio teve, entre outras motivações, pôr fim a uma mentalidade clerical e valorizar a missão de todos os batizados.[64] Além disso, ela "autoriza a prática de uma colegialidade a todos os níveis até aquela célula elementar: a paróquia".[65] De modo que "a maioria do Concílio Vaticano II tentou esboçar um modelo menos piramidal que, com a ajuda da expressão 'povo de Deus', é uma parte real da colegialidade e responsabilidade, isto é, para alguma participação[...]".[66]

Portanto, isso representou uma inversão em favor de um modelo ministerial-comunitário. Pois, "ao colocar a eclesiologia a partir do comum e do igualitário, colocam-se as bases para uma eclesiologia de comunhão que leva à participação, corresponsabilidade e protagonismo de todos".[67] E não se negou à hierarquia sua função originária e específica, mas situou-a na totalidade da comunidade estruturada. Por isso, a hierarquia não é vista nem superior nem inferior à comunidade, mas situada nesta e a serviço desta.[68] Embora se reconheça certo desequilíbrio de enfoque

61 CDF, "Carta sobre Algunos Aspectos de la Iglesia Considerada como Comunión", p. 364.

62 Cf. W. Kasper, "La Iglesia como Comunión: un Hilo Conductor en la Eclesiología del Vaticano II", p. 50-64.

63 Cf. Y. Congar, "Igreja como Povo de Deus", p. 8-26; G. Vodopivec, "Popolo di Dio", p. 1610-1644; O. Semmelroth, "L'Église, Nouveau Peuple de Dieu", p. 395-409; G. Rota, "'Popolo di Dio'. Chiesa e Storia nel Concilio Vaticano", p. 642-652; J. Comblin, *O Povo de Deus*.

64 Cf. T. Citrini, "Il Nome del Laico", p. 201.

65 J. Roche, *Liberté du Chrétien, Autorité de l'Église*, p. 136.

66 P. Delooz, "La Participation dans l'Église Catholique", p. 5.

67 J. A. Estrada, "Pueblo de Dios", p. 185.

68 Cf. C. Palácio, "Da Autoridade na Igreja", p. 176.

e valorização de elementos teológicos entre os capítulos da LG. Por exemplo:

> no capítulo II dedicado ao Povo de Deus, a passagem que trata do sacerdócio comum e seu exercício nos sacramentos [*LG* 10 e 11] constitui um desenvolvimento muito mais importante do que aquele que foi dado ao *sensus fidei* e o carisma [*LG* 12]; enquanto a abordagem é inversamente equilibrada no capítulo III dedicado à constituição hierárquica da Igreja [...] Esta parte é amplamente dedicada à função de governo do episcopado e, quando se prevê a participação dos bispos para o *tria munera*, é dedicado um lugar igual às funções de ensino (*LG* 25), santificação (*LG* 26) e governo (*LG* 27).[69]

Assim, deve-se reconhecer que o "horizonte" dessa teologia que estamos sucintamente apresentando

> estava grávida de uma sinodalidade efetiva. Mas isso não produziu nenhuma consequência. É verdade que, com exceção no n. 11, a LG lida com o Povo numa perspectiva sempre universalista. Daí o silêncio sobre o sínodo diocesano. A ausência de efeitos se nota também pelo fato de que o poder do bispo é sempre declinado sob a figura da monarquia absoluta.[70]

De maneira que o pressuposto para isso teria de ser a descentralização no governo eclesial.[71] Pois com isso alcançar-se-ia uma participação adequada e orgânica.[72] Além do mais, faz-se mister reconhecer também que "fala-se expressa e amplamente da participação de todos os membros do povo de Deus na função sacerdotal e profética de Jesus – menos difundida, no

69 F. Moog, *La Participation des Laïcs à la Charge Pastorale*, p. 397 [e nota 69].
70 H. Legrand, "La Sinodalità al Vaticano II e Dopo il Vaticano II", p. 86.
71 Cf. J. M. Castillo, "Sacerdocio, Episcopado, Papado", p. 295-317.
72 Cf. D. Valentini, *Revisitar o Concílio Vaticano II.*

entanto, é a participação dos leigos na função real (de governo) de Cristo [...]".[73]

Em suma, apesar dos limites que foram indicados, por meio da noção de PdD ficou assegurado o igual direito de participação de todos (as) na vida eclesial. A distinção de funções é feita dentro dessa igualdade fundamental e não pode ser transposta em termos de separação ou de constituição de "estratos sociais".[74]

b) *Sensus fidelium*:[75] a relevância dessa categoria teológica está em reconhecer que "não é um equivalente eclesiástico da democracia, mas pode ser um veículo a ser levado em conta nos princípios democráticos",[76] visto ser consensual e facilmente admissível que

> existem múltiplos elementos de contato entre a eclesiologia e a democracia, especialmente da recuperação que a LG 12 fez do *sensus fidei*. Neste número significativo, o caráter de "sujeito ativo" de todos os batizados na Igreja é destacado, graças ao Espírito de Cristo que habita nele, e não de súdito.[77]

Em decorrência, o *link* disso com nossa abordagem está em perceber que "Parte dessa infalibilidade e indefectibilidade pertence aos membros não ordenados, porque de outra forma não pode pertencer ao 'todo'. A luz divina e a força divina são espalhadas em toda a Igreja".[78] Este é um conceito tradicional e vital da Igreja.[79] Juntamente com a *receptio* formam duas

73 J. Werbick, *La Chiesa*, p. 174. Bastaria ver por exemplo: LG 10-12 e AA 2;10.

74 Cf. C. Palácio, "Da Autoridade na Igreja", p. 175.

75 Cf. L. Sartori, "Quais os Critérios para um Adequado Recurso ao 'Sensus Fidelium?'", p. 1101-1107; D. Vitali, *"Sensus fidelium". Una Funzione Ecclesiale di Intelligenza della Fede* e Id., "'Universitas Fidelium in Credendo Falli Nequit" (LG 12). Il Sensus Fidelium al Concilio Vaticano II", p. 607-628.

76 R. Puza, "Démocratie et Synode", p. 137.

77 S. Pié-Ninot, *Eclesiología*, p. 568.

78 L. Örsy, "Il Popolo di Dio", p. 438.

79 O "sensus fidelium" é um *locus theologicus*, cf. B. Sesboüé, *Le Magistère à l'Épreuve*, p. 95-108. Contudo, não se deve confundir "sensus fidei" com "sensus fidelium" e "consensus fidelium",

categorias teológicas antigas e muito vinculadas entre si, significando principalmente que "a autoridade fundamental da Igreja não é a autoridade do magistério, mas da vida. Ou, em outras palavras, esta autoridade se manifesta no modo de *participar todo o povo de Deus* na vida dos homens e na forma de se comportar como um povo crente em Deus [...].[80] Esse princípio garante a participação dos fiéis, por meio de um diálogo vivo, na formação da consciência eclesial; evita autoritarismo e isolamento, além de assegurar credibilidade à mensagem que é de toda a comunidade eclesial.[81] Enfim, ele é parte constitutiva do processo decisional dentro da comunidade cristã.[82] Embora tenha de se considerar também que

> as *formulações* dessa fé do povo podem ser pouco críticas ou demasiado identificadas com as culturas de cada época e lugar. Ainda mais hoje, pela pluralidade das culturas e pelo poder dos meios de comunicação. No entanto, mesmo reconhecendo essas mediações culturais discutíveis, a Igreja do primeiro milênio professara sempre que o povo tem um senso (não precisamente uma informação ou uma formulação) fiel, no qual pode estar o Espírito. Argumentou-se que foi esse instinto dos fiéis – e não os bispos – que salvou a Igreja no momento da crise ariana.[83]

c) Liturgia:[84] é importante notar que "em nenhum outro texto foi a 'participação ativa dos fiéis' tão claramente formulada como

---

cf. J.-M.R. Tillard, *L'Église Locale. Ecclésiologie de Communion et Catholicité*, p. 314-324.

80 H. Waldenfels, *Teología Fundamental Contextual*, p. 621 [destaque nosso].

81 Cf. P. Valadier, "O Conceito de *Sensus Fidelium* Caiu em Desuso?", p. 329-338. Ver ainda: J. J. Tamayo-Acosta, "El Magisterio de la Comunidad Cristiana: Hacia una Superación del Binomio Iglesia Docente-Iglesia Discente", p. 230-239 e T. L. Nichols, *That All May Be One*, p. 127-130.

82 Cf. P. Delooz, "La Participation dans l'Église Catholique", p. 15.

83 J. I. González Faus, *A Autoridade da Verdade*, p. 232-233.

84 Para saber quem participa, em quê e como, cf. F. Moog, *La Participation des Laïcs à la Charge Pastorale*, p. 113-116; A. Cuva, "La Participation des Fidèles à la Liturgie Selon la Constitution Sacrosanctum Concilium", p. 137-149 e E. Mazza, "La Partecipazione Attiva alla Liturgia e l'Efficacia dei Sacramenti", p. 51-67.

na *Constituição sobre a Sagrada Liturgia*".[85] Não é sem razão que a participação é considerada o refrão da Constituição da Sagrada Liturgia, pois "o termo aparece não menos que 25 vezes no texto".[86] Enquanto que "o conceito de 'participação' (adjetivo *particeps*, substantivo *participatio*, verbo participar) aparece cento e onze vezes no Missal romano atual".[87] Por isso assinalamos novamente que "a idéia de participação ativa entra pela constituição sobre a liturgia antes de invadir, se se pode dizer, todos os documentos do Concílio, encontrando uma aplicação em todas as áreas da atividade da Igreja".[88]

Na verdade, "ao invés de convidar os fiéis a tomar parte ativa e conscientemente em uma ação na qual o ministro ordenado é o sujeito, eles são chamados a realizar a ação na qual eles mesmos são o sujeito com o ministro".[89] A esse propósito é essencial notar que

> esta participação diz respeito a todos os cristãos ("todos os fiéis" e não somente aos atores litúrgicos), e isso por um motivo teológico: a participação é um "direito" e um "dever" de todos os fiéis em razão do sacerdócio universal, do qual é revestido cada pessoa batizada [...] Isto aponta para a estreita ligação entre a participação ativa e as referências eclesiológicas expressas pela Constituição *Lumen Gentium* no Capítulo II sobre o Povo de [...].[90]

Assim, o sujeito integral da ação litúrgica é a comunidade cristã ou a *ecclesia*.[91] E a participação ativa na liturgia não é por

85 O. Ter Reegen, "Direitos do Laicado", p. 20. Para uma compreensão sumária desse conceito, sobretudo na SC, cf. A. Nocent, "Partecipazione", p. 1565-1568.
86 J. Lamberts, "Active Participation as the Gateway towards an Ecclesial Liturgy", p. 234.
87 O. De Cagny, "La Notion de Participation dans l'Euchologie du Missel Romain", p. 125.
88 G. Routhier, "La Liturgie aux Prises avec un Monde et une Église en Mutation", p. 177-178.
89 J. Lamberts, "L'Évolution de la Notion de 'Participation Active' dans le Mouvement Liturgique du Vingtième Siècle", p. 114.
90 P. Prétot, "Retrouver la 'Participation Active' une Tâche pour Aujourd'hui", p. 161.
91 Cf. Y. Congar, "L'*Ecclesia* ou Communauté Chrétienne, Sujet Intégral de l'Action Liturgique", p. 41-282 e J. Lamberts, "Active Participation as the Gateway Towards an Ecclesial Liturgy", p. 234-261.

motivo de direito ou reivindicação moderna, mas tem a ver com a própria natureza do mistério pascal e da Igreja que a pressupõe.[92] Por fim, inequivocadamente é preciso assentir que também nesse campo, apesar de tudo, se pode ainda avançar mais.[93]

d) Leigos:[94] indubitavelmente o Vaticano II reflete amplamente sobre o laicato, sendo a primeira vez na História que um Concílio se põe a tratar dos leigos não somente enquanto membros que pertencem à Igreja, mas como sujeitos eclesiais. Ele afirma a universal participação dos batizados nas responsabilidades eclesiais (ministérios) e apela para que todos os cristãos tenham um compromisso ativo na Igreja e no mundo.[95] Entre os textos conciliares que tratam dos leigos *AA* é um documento de orientação mais prática, *GS*, e obviamente *LG*, versam especifica e diretamente sobre os leigos. E, ao que concerne à presença deles no mundo (sociedade civil), "recomenda-se o ideal democrático da *participação ativa de todos os cidadãos na vida social e política*".[96]

O ponto de partida de tudo isso parece ser a consciência de que "o sacerdócio comum fundamenta a participação de todo cristão na tríplice missão da Igreja: profética, sacerdotal e régia. A Igreja é toda ministerial".[97] Todavia, esse resgate do valor dos

92 Cf. A.-M. De Monléon, "Sacrosanctum Concilium, Quarante ans Après".

93 Cf. G. Routhier, "Associer les Laïques au Gouvernement de l'Église", p. 162 e J. R. De Melo, "A Participação da Assembléia dos Fiéis na Celebração Eucarística ao Longo da História: E-volução ou IN-volução?", p. 187-220.

94 Cf. A. S. Pereira, "Participação dos Leigos nas Decisões da Igreja à luz do Vaticano I e II", p. 99-113; A. Antón, "Principios Fundamentales para una Teología del Laicado en la Eclesiología del Vaticano II", p. 103-155; J. Grootaers, "El Laico en el Seno de una Iglesia Comunión", p. 1-43; P. A. Bonnet, "El 'Christifidelis' Recuperado Protagonista Humano en la Iglesia", p. 357-372; G. Magnani, "La Llamada Teología del Laicado ¿Tiene un Estatuto Teologíco?", p. 373-409 e P. Guilmot, *Fin d'une Église Cléricale?*, p. 297-316.

95 Cf. T. Citrini, "La Questione Teologica dei Ministeri", p. 57-72.

96 A. Antoniazzi, "Estruturas de Participação nas Igrejas Locais", p. 201.

97 J. A. Ruiz de Gopegui, "O Concílio Vaticano II Quarenta Anos Depois", p. 23. E sobre a questão ministerial conciliar e sua repercussão ecumênica, cf. B. Sesboüé, *Pour une Théologie Œcuménique*, p. 338-374.

fiéis leigos na Igreja com base nos elementos comuns (igualdade essencial do batismo) não resolve de per si outros impasses que perduram. Por isso se afirmou também que: "A História dará glória ao Concílio [...] por ter vigorosamente delineado o lugar e o papel do laicato na Igreja; provavelmente se afligirá por não ter implementado suficientemente o que ele deveria precisar bem: a corresponsabilidade dos leigos".[98] Ademais, há o problema já referido do pouco desenvolvimento ou omissão da participação dos leigos no *munus gubernandi* quando se menciona as *tria munera*.[99] Todavia, há quem amenize tal lacuna argumentando que "a participação dos leigos nas decisões do múnus de reger a Igreja é um tema que não é muito explorado pelo Concílio. Nem é para admirar, pois a teologia, o direito e a prática da Igreja nesta matéria em tal altura ainda eram muito incipientes".[100] Assim, é necessário reconhecer que:

> O Concílio, no entanto, não abordou expressamente o problema de solucionar este princípio da igualdade fundamental - embora *in varietate*, isto é, com pleno reconhecimento da função específica da hierarquia - entre pastores e simples fiéis, para deduzir algumas implicações sobre a participação destes com pleno título, isto é, com *voto deliberativo* e não meramente consultivo, na tomada de decisões pelos vários órgãos de governo instituídos após o Concílio a nível local e universal da Igreja.[101]

De modo que existe certa ambiguidade doutrinal presente nos decretos conciliares que não favoreceu a participação aspirada pelo laicato nos órgãos de decisão da Igreja.[102] Talvez, o que explica em

98 Cardinal Suenens, *La Coresponsabilité dans l'Église d'Aujourd'hui*, p. 189.
99 Cf. F. Moog, *La Participation des Laïcs à la Charge Pastorale*, p. 397-398.
100 A. S. Pereira, "Participação dos Leigos nas Decisões da Igreja à Luz do Vaticano I e II", p. 112.
101 A. Antón, "Eclesiología Posconciliar", p. 289.
102 Cf. A. Antón, "Eclesiología Posconciliar", p. 290 e H. Küng, "La Participation des Laïcs aux Décisions dans l'Église", p. 285-308.

parte, a carência da abordagem conciliar seja que não se entendeu adequadamente que "o batismo que incorpora ao corpo de Cristo nos faz participar no mesmo Espírito [...] É sobre esta participação no mesmo Espírito, muito mais do que sobre o sacerdócio batismal, que devemos construir uma teologia da igualdade dos membros do povo de Deus e da participação na Igreja".[103]

e) Colegialidade: a referência conciliar primeira e básica para se analisar esse princípio é *LG* 22-23 e a NEP. No entanto, estudar historicamente a doutrina do Concílio Vaticano II sobre a sinodalidade é empresa difícil. Pois, a compreensão que o Concílio tem a esse respeito só pode ser colhida indiretamente, pois foi tratada mais em modo contingente que sistemático e aparece em documentos como *LG et Christus Dominus*.[104] Houve muita celeuma em torno desse assunto, ou seja, curiosamente foi "sobre o tema da descentralização colegial que se registrou o maior número de intervenções no Vaticano II; somente o debate sobre a Virgem Maria suscitou um número mais alto, embora menos emocionante".[105] Parte disso tem explicação na própria história, pois

> Um dos objetivos fundamentais que o Concílio Vaticano II havia proposto atingir, desde o início, era completar a doutrina do primado, já definida no Concílio Vaticano I, com uma doutrina correspondente do episcopado [...] O capítulo III da Constituição sobre a Igreja efetuou esse objetivo, tomando como seu princípio orientador a noção da estrutura colegial do ofício episcopal.[106]

---

103 G. Routhier, *Le Défi de la Communion*, p. 93 [nota 30].

104 Cf. H. Legrand, "La Sinodalità al Vaticano II e Dopo il Vaticano II", p. 67-70; 77.

105 H. Legrand, "O Ministério do Papa. Primado e Colegialidade no Vaticano II", p. 102.

106 J. Ratzinger, *Il Nuovo Popolo di Dio*, p. 187 e cf. Id., "La Collégialité Épiscopale, Développement Théologique", p. 763-790 e H. J. Pottmeyer, *Il Ruolo del Papato nel Terzo Millennio*, p. 135-157.

Embora essa categoria esteja no interno da tratação da doutrina do episcopado, ela a extrapola, isto é, "o princípio da colegialidade incide diretamente no interior da ordem hierárquica, mas ele se encontra, como princípio comunitário, ao nível de toda a Igreja".[107] De maneira que

> no amplo contexto da revisão que faz o Vaticano II da forma de governo hierárquico exercido na Igreja católica romana, é proposto com inequívoca transparência o conceito de colegialidade episcopal, ainda que a palavra "colegialidade" como tal não apareça nos textos conciliares. O governo eclesiástico, do qual são investidos os Bispos em comunhão com o Romano Pontífice, segundo a Tradição eclesial, não pode se dar senão ao modo colegial [...].[108]

Portanto, esse princípio eclesial "renasce" a partir do Concílio, isto é, "o Concílio Vaticano II aparece como um elemento essencial de uma tomada de consciência da importância do princípio sinodal para a vida e a atividade da Igreja".[109] Contudo, se o Vaticano II criou ou confirmou os organismos daí correspondentes, faltou prescrever melhor suas funções.[110] Desse modo,

> o Vaticano II deixou em aberto muitas questões relacionadas com a organização interna da Igreja. O conjunto de problemas em torno do princípio da colegialidade talvez seja o mais fundamental. O princípio em si recebeu cabal endosso do Concílio, mas não se estabeleceu nenhuma interpretação precisa.[111]

---

107 Y. M.-J. Congar, *Jalons Pour une Théologie du Laïcat*, p. 390.

108 P. C. Barros, "Colegialidade Episcopal no Vaticano II", p. 202. Cf. G. Vodopivec, "Collegialità", p. 848-865; G. Dejaifve, *Un Tournant Décisif de l'Ecclésiologie a Vatican II*, p. 25-42 e Y. Congar, "Estrutura ou Regime Conciliar da Igreja", p. 774-782.

109 P. Valdrini, "La Synodalité", p. 847.

110 Cf. H.-M. Legrand, "Synodes et Conseils de l'Après-Concile", p. 194. Sobre a ligação das estruturas surgidas no Concílio com o passado eclesial, cf. P. A. Bocquet, "Du Presbyterium au Conseil Presbytéral", p. 98-108.

111 A. Dulles, "A Eclesiologia Católica desde o Vaticano II", p. 670.

É como se o Vaticano II tivesse deixado um "canteiro aberto" também nesse assunto.[112] Embora narra-se que "quando João XXIII, que acabava de ser eleito, saiu da capela Sistina, disse aos que o cercavam: 'Eu gostaria que o meu pontificado restaurasse a colegialidade na Igreja'".[113]

De qualquer forma, o que está resgatado e corroborado nesse Concílio é o modo como deve ser a estrutura de governo na vida da Igreja.[114] Pois, afinal,

> a centralização romana, posterior ao Vaticano I, foi percebida pelos bispos mais dinâmicos como uma séria dificuldade pastoral e missionária, mas também, algo menos previsível, como um obstáculo para o ecumenismo [...] Com o progresso doutrinário sobre a colegialidade episcopal os bispos aguardavam por benefícios pastorais muito concretos. Antes de tudo, uma descentralização efetiva, de acordo com o vocabulário corrente naquela época [...] a palavra colegialidade funcionou assim, segundo se observou, como um conceito amplo, e não apenas como um conceito canônico.[115]

Às vezes prefere-se o termo sinodalidade ao de conciliaridade ou colegialidade por ser mais dinâmico e originário. É por isso que se afirma:

> a tradição antiga realmente recomenda a figura eclesiológica do sínodo e, respectivamente, do concílio; a passagem para o abstrato, *sinodalidade* (ou em termos aproximadamente equivalentes, *colegialidade*, *co-responsabilidade*, ou talvez *democracia*

112 Cf. H.J. Pottmeyer, *Il Ruolo del Papato nel Terzo Millennio*, p. 133-166 e H. Legrand, "O Ministério do Papa. Primado e Colegialidade no Vaticano II", p. 104-116.

113 L. Bouyer, *La Décomposition du Catholicisme*, 38 e cf. Y. Congar, *Mon Journal du Concile*, I, p. 321.

114 Decisivamente o Vaticano II confirma, assume e propõe a *práxis* sinodal da Igreja, cf. S. Dianich, "Sinodalità", p. 1524-1526; para uma comparação de três tradições sinodais diferentes no Cristianismo: do Oriente, das igrejas da Reforma e da prática Católica, cf. Ibid., p. 1526-1528.

115 H. Legrand, "La Sinodalità al Vaticano II e Dopo il Vaticano II", p. 78-80.

na Igreja), neste caso, como em muitos outros, aparece precipitada [...].[116]

De qualquer maneira, conforme já comprovado, "a estrutura sinodal ou conciliar da Igreja parece pertencer à sua própria essência [...]".[117] E nessa categoria está algo muito relevante e afinado com nosso tema, pois

> o exercício colegial do ministério dos Bispos na Igreja não se reduz a uma mera "solução" organizacional [...] Praticada autenticamente, a colegialidade episcopal não deixará de dar frutos em prol da construção de uma sonhada Igreja da participação e da comunhão, o que corresponderia a uma eclesiologia "circular", com a concomitante correção dos inconvenientes de uma eclesiologia "piramidal".[118]

Portanto, aquilo que foi resgatado do melhor da tradição eclesial, aponta, por sua vez, para o futuro eclesial. Mais precisamente, isso significa que

> sínodos e conselhos são certamente meios muito preciosos para a necessária reestruturação da Igreja: para reviver as Igrejas particulares, para construir igrejas locais que sejam Igrejas-sujeitos, onde a responsabilidade do maior número seja levada a sério, para renovar o exercício do ministério episcopal também [...] os conselhos e os sínodos não são apenas meios e órgãos, são também momentos de passagem do Espírito de Jesus e manifestações da *koinônia*.[119]

---

116 G. Angelini, "Sinodalità e Forme della Coscienza Credente", p. 3-4 [nota 1]. Para maiores distinções e precisações, cf. H. Legrand, "La Sinodalità al Vaticano II e Dopo il Vaticano II", p. 81-85; G. Gassmann, "La Sinodalità e Il Cammino Ecumenico delle Chiese", p. 109-110. Para ver que o conceito de corresponsabilidade não é adequado para expressar esse princípio, cf. G. Routhier, "La Synodalité de l'Église Locale", p. 125; Id., *Le Défi de la Communion*, p. 192-193 e J. Gaudemet, "Sur la Co-responsabilité", p. 533-541.

117 H. Legrand, "La Sinodalità al Vaticano II e Dopo Il Vaticano II", p. 71.

118 P. C. Barros, "Colegialidade Episcopal no Vaticano II", p. 222.

119 H.-M. Legrand, "Synodes et Conseils de l'Après-Concile", p. 215-216.

Por fim, a consonância do que foi visto com o itinerário assumido em nossa explanação está em ressaltar e admitir que "a participação na vida sinodal não deve ser entendida como uma delegação de poder, mas como a realização concreta, em uma figura institucional, do mistério da Igreja".[120]

f) Relação entre Igreja Universal e Igreja local:[121] primeiramente quanto à designação de "particular ou local", nota-se que entre os eclesiólogos prevalece o uso de "por ser o mais antigo, tradicional e, ao mesmo tempo, mais abrangente e compreensível".[122] Sobre a supracitada relação se trata do equilíbrio entre o colégio dos bispos e sua cabeça ou da unidade com a diversidade. Na verdade, a unidade de tensão (papal e episcopal) é o fundamento da unidade de comunhão. Nem círculo, nem pirâmide, mas elipse![123] Por conseguinte, é importante também considerar nesse horizonte de análise que "Da acentuação legítima de tal unidade, pode-se passar facilmente em impor uma uniformidade e centralização, como uma realização necessária da unidade, quando, na realidade, é apenas uma consequência não inevitável dessa prerrogativa da eclesiologia".[124]

Porém, no Concílio essa relação parece resultar em uma dupla eclesiologia. Pois, "ao lado da valorização da Igreja local, do ministério dos bispos, da colegialidade, acentua-se fortemente a função primacial do Romano Pontífice [...]".[125]

120 G. Routhier, *Le Défi de la Communion*, p. 192.
121 Cf. J.-M. R. Tillard, *L'Église Locale. Ecclésiologie de Communion et Catholicité*; A. Antón, "Eclesiología Posconciliar: Esperanzas, Resultados y Perspectivas para el Futuro", p. 287; J. B. Libanio, *Concílio Vaticano II. Em busca de uma Primeira Compreensão*, p. 124 e LG 22-23; 26 e a NEP.
122 S. Pié-Ninot, *Eclesiología*, p. 337 e cf. J.A. Komonchak, "La Realizzazione Locale della Chiesa", p. 107-125.
123 Cf. H. Heinz, "Democracia en la Iglesia. Corresponsabilidad y Participación de Todos los Bautizados", p. 166-167.
124 A. Antón, "Eclesiología Posconciliar", p. 287.
125 J. B. Libanio, *Concílio Vaticano II*, p. 125.

Contudo, mesmo que não se tenha elaborado uma teologia integradora da Igreja Universal e Local, o Concílio favoreceu seu ulterior desenvolvimento.[126]

De maneira que "o concílio estabeleceu os fundamentos teológicos do modelo da Igreja-*communio ecclesiarum*. As igrejas particulares não são simplesmente partes e, menos ainda, distritos administrativos de uma confederação de igrejas, chamada Igreja universal. Elas são a mesma realidade suprema da única Igreja de Cristo presente e realmente atualizada em um determinado lugar".[127] Tanto isso é verdade que "a possibilidade de compreender a Igreja a partir da Igreja local se mostra como uma das grandes conquistas da eclesiologia do Vaticano II".[128] Sobretudo porque "o Vaticano II retoma a eclesiologia eucarística e comunial do primeiro milênio e valoriza o episcopado dentro da Igreja local ou particular e dentro da comunhão das Igrejas".[129]

Em decorrência disso, podemos afirmar então que "o Vaticano II tomou firmemente a opção em favor da participação, pelo menos no que diz respeito à Igreja local/particular, assumindo e legitimando isso através de um movimento de fundo que se afirma ao longo do século XX, na sociedade e, em seguida, na Igreja".[130]

Em suma, a relação disso com a participação qualificada do laicato na Igreja está na consciência e prática que "cada Igreja particular atualiza toda a Igreja. Ela se constitui pela participação na vida divina". Além disso, a vantagem é que "Endossa o processo democrático mundial e a crescente consciência de subsidiariedade que desloca a responsabilidade para as bases e contrapõe-se

126 Cf. J. B. Libanio, *Concílio Vaticano II*, p. 128.
127 A. Antón, "Eclesiología Posconciliar", p. 288.
128 G. Routhier, "'Église locale' ou 'Église particulière': querelle sémantique ou Option Théologique?", p. 277.
129 C. Caliman, "A Eclesiologia do Concílio Vaticano II e a Igreja do Brasil", p. 236 e cf. J.-M. R. Tillard, "Comment Accorder Synodalité et Primauté?", p. 405-417.
130 G. Routhier, "L'Église Catholique. Entre Participation et Technocratie", p. 889.

criticamente a uma universalização da cultura de massa medíocre, banal, superficial".[131]

g) Vida Religiosa/consagrada: há textos conciliares que fazem referência direta e explicitamente a esse assunto *PC* e *LG VI*.[132] Mas em se tratando especificamente do decreto *PC* importa observar que: "O texto, tal como está, é uma espécie de compromisso entre duas teologias da vida religiosa que se afrontavam".[133] De qualquer modo, embora o decreto tenha suas fragilidades, a auspiciada renovação para a vida religiosa, recebe importantes impulsos também de outros textos conciliares.

Posto isso, primeiramente chama a atenção que "foi necessário aguardar o século XX para que, pela primeira vez um concílio tratasse o assunto dos religiosos".[134] No entanto, a luz conciliar que iluminou a vida de toda a Igreja incidiu igualmente forte sobre essa "condição de vida eclesial". Aliás, ela é eclesial porque "não apenas se dá na Igreja, mas porque também pertence à Igreja".[135] No que tange à relação disso com nosso objeto de estudo, basicamente é que o "Vaticano II também considera o lugar que deve ter essa participação na Igreja, falando sobre a participação dos religiosos no bem da comunidade por meio dos capítulos e dos conselhos (PC 14)".[136]

Indiscutivelmente a organização, as estruturas e a presença dos religiosos no mundo visam manifestar o espírito de participação.[137] Na Vida Religiosa a participação não exclui o papel de

131 J. B. Libanio, *Concílio Vaticano II*, p. 128-129.
132 Cf. B. Kloppenburg, *A Eclesiologia do Vaticano II*, p. 225-237.
133 Cardinal Suenens, *La Coresponsabilité dans l'Église d'Aujourd'hui*, p. 166.
134 S. Pié-Ninot, *Eclesiología*, p. 327 e cf. P. C. Barros, "A Vida Religiosa Consagrada e a Eclesiologia do Concílio Vaticano II", p. 683-699.
135 S. Pié-Ninot, *Eclesiología*, p. 327 e cf. J.-M. R. Tillard, *I Religiosi e Il Concilio*; M. Dortel-Claudot, *Les Structures de Gouvernement et de Participation des Congrégations Religieuses*.
136 F. Moog, *La Participation des Laïcs à la Charge Pastorale*, p. 125.
137 Cf. V. De Couesnongle, "Nouvelles Structures de Participation", p. 393-419 e H. Carrier,

governo. Mas esse deve ser o promotor daquela. Afinal, é dimensão constituinte da autoridade proporcionar o crescimento dos demais. Participação e governo não se contrapõem!

Enfim, de tudo isso que expusemos resumidamente, mais que conclusões cabais vemos os horizontes que se abrem.[138] Com a consciência de que o modelo de participação do Vaticano II para ultrapassar a fronteira do desejável e para se tornar realidade deve se institucionalizar, isto é, traduzir-se em guia para a ação concreta; em normas mais ou menos permanentes (mas não muito).[139] Sendo a verdade que se impõe como síntese do evento conciliar aquela de que ele representa a passagem "de uma autoridade monárquica para uma autoridade participativa" na vida eclesial.[140] Muitas das expressões conciliares que foram aqui brevemente apresentadas, receberão contornos e esclarecimentos mais nítidos no período imediatamente pós-conciliar. Afinal de contas, "na Igreja, a participação de todos é essencial para tornar visível a riqueza da Igreja e para cumprir sua missão".[141] Pois, no processo de recepção eclesial toda a Igreja participa. É essa etapa que ainda estamos atravessando e descortinando.

3. A participação no âmbito da Teologia Sistemática

Uma rápida análise da evolução histórica do conceito revela-nos que, em geral, prevaleceu a ideia de que participação fosse a solução para o problema da identidade e da diferença do ser no todo. Através dela se garantiria que o todo pode-se dar e ser visto como tal, somente quando o particular (diferente) não desaparece nele, mas atinge aquilo que lhe é próprio. Portanto, assegurou-se

"Comment Gouverner des Communautés en Évolution?", p. 375-392.

138 Cf. J. M. Rovira Belloso, "La Iglesia Realizada como Auténtica Comunidad", p. 56.

139 Cf. P. Delooz, "La Participation dans l'Église Catholique", p. 13.

140 J. B. Libanio, *Concílio Vaticano II*, p. 145.

141 G. Routhier, *Le Défi de la Communion. Une Relecture de Vatican II*, p. 64.

desse modo que identidade e diferença, o todo e o particular, "se desenvolvem" em relação proporcional idêntica e não oposta.

Ora, esse pressuposto aparentemente supérfluo oferece-nos uma excelente chave de leitura para entender a revelação cristã. Pois pertence à essência da unidade participativa que o todo emerja como autêntico à medida que os particulares atinjam aquilo que lhes é próprio. Isso significa que não se deve conceber a participação como uma estrutura estática, mas como um vir a ser histórico, ou seja, a história do revelar-se do todo por meio da e na realização das partes.

Por consequência, a participação é então fenomenalmente histórica. Conforme se constata no evento revelatório do cristianismo, no qual Deus, se revelando, tem o ser humano como seu livre colaborador porque esse já foi *introduzido a priori* na dimensão de diálogo aberto pelo próprio Deus. A essência da unidade do todo está em produzir a libertação das partes (diferentes). Portanto, trata-se de uma história de autoparticipação de Deus e de acolhida participativa do ser humano. É essa seguramente a leitura mais originária que o Cristianismo fez da ideia de participação colhida da filosofia grega.[142]

Contudo, é necessário considerar ademais que

> através do conceito de participação, pode-se interpretar a relação entre criador e criatura de tal forma que os extremos da absoluta identidade e a absoluta dialética são excluídos a priori, e agora podemos falar consequentemente de analogia, mediação, comunicação e relacão. Com isso, enquanto a participação é assegurada como um princípio mediador (e, portanto, não com base na filosofia, mas com base na teologia revelada, isto é, na fé), novos problemas surgem imediatamente, que agora é

142 Cf. L. B. Puntel, "Partecipazione", p. 144-146.

o mundo e o grau de participação (fundada e tornada possível pela criação).[143]

Posto isso, é mister ponderar que a concepção filosófica, ainda que seja a referência primeira e básica para se tratar da participação, compreende-a, porém, prescindindo do dado essencial da revelação divina. Enquanto na perspectiva cristã é irrenunciável a distinção entre Criador e criatura. Desse modo, a compreensão filosófica não é suficiente para fundamentar teologicamente o conceito de participação.[144] Tanto na filosofia platônica como na aristotélica há concepções que contrastam notavelmente com a compreensão cristã da realidade, como a que referimos sobre a criação, pois no Cristianismo essa é uma verdade existencial e não somente conceitual; além disso, para o Cristianismo a transcendência e a existência de Deus são absolutas, ao passo que naquelas filosofias adquire apenas sinônimo de imaterialidade (tanto as Ideias como o Ato puro); por fim, no pensamento cristão só por analogia podemo-nos referir ao ser das criaturas e de Deus como sendo iguais (quem dá a participação é Deus e ao ser humano cabe acolher o ser feito partícipe).[145]

A argumentação consistentemente teológica advém da convicção histórica da Igreja, que sistematiza e torna inteligível elementos vitais da vida de fé que, por sua vez, nos permitem entender a participação desde seu real fundamento. Assim, fundamentando-se no magistério afirma-se solene e categoricamente o "fato" da revelação sobrenatural, que é de iniciativa divina, motivada por sua sabedoria e bondade, que visa um fim sobrenatural para o ser humano, qual seja: a "participação nos

143 H. R. Schlette, "Partecipazione", p. 553.
144 Cf. D. hercsik, *Elementi di Teologia Fondamentale*, p. 11-12.
145 Cf. A. Carlini, "Partecipazione", p. 295.

bens divinos", que superam o alcance exclusivo da inteligência humana.[146] Quando se adentra por esse viés analítico torna-se compreensível que "o conceito de participação só pode ser entendido em seu valor metafísico".[147]

Desse modo, o ponto contrastante entre correntes filosóficas (que têm na fadiga de Sísifo a plástica imagem do esforço humano em busca da verdade e do ser) e a teologia está na convicção desta que o ser é participado aos seres humanos por meio da criação divina. Em outras palavras isso significa que "A participação do homem, que consiste em projetar na história as suas livres escolhas, é a continuação da participação do ser de Deus concedida ao homem através da Criação e da Redenção".[148] Por conseguinte, a autoparticipação de Deus, que é amor, dá-se na participação que faz de si com sua graça. Aliás, para o Cristianismo onde se manifesta com mais intensidade e evidência a participação é no mundo da graça, do sobrenatural.[149]

Posto isso, quando se focaliza a teologia de matiz prevalentemente ontológico, o conceito "participação" caracteriza-se pelo "tomar parte na vida divina". Isso se constitui substrato e premissa para diversos tratados teológicos, podendo assim se tornar um conceito-chave dentro do "mosaico teológico" (com possibilidade de ser aprofundada nos mistérios da Encarnação, Trindade, Eucaristia, Graça etc.). Sob a perspectiva ético-teológica há também um vasto campo de impostação do tema da participação que mostra seu valor hodiernamente, bem como as condições ético-sociais implicadas em sua concretização e a problemática moral

146 Cf. *Constituição Dogmática Dei Filius* (DH 3005) e *Dei Verbum* (DH 4202) que explicitam claramente que a finalidade da revelação é fazer os seres humanos participantes da natureza divina – comunhão consigo.

147 A. Molinaro, "Partecipazione", p. 8346.

148 P. L. Zampetti, *La Società Partecipativa*, p. 189-190.

149 Cf. A. Carlini, "Partecipazione", p. 295.

que emerge dos vários níveis nos quais ela se aplica.[150] Isso sem negligenciar que em teologia um pressuposto jamais é isolado do seu conjunto de verdades reveladas, mas deve ser visto transversalmente dentro de um sistema orgânico e harmonioso.[151]

Enfim, é possível identificar consonância entre participação e vida cristã quando também há vontade que a sociedade se torne mais participativa. Na base dessa reivindicação está implícita a solicitação que essa seja cristã.[152] Afinal, "na vida social existe justamente a exigência de participação (com determinação) da parte de todos".[153] Por outro lado, a vida será mais cristã à medida que for mais participativa. Pressupondo isso, portanto, uma teologia que não renuncie a sua vocação de ser instância crítica, terá de verificar o quanto a consolidação organizativo-eclesial conservou do irrenunciável apelo a formas consequentes com o princípio teológico da participação. Pois, o patrimônio teológico acerca da participação reflete a *práxis* de Jesus e do seu movimento e é sustentado e renovado continuamente pelo Espírito presente na vida eclesial.

4. A participação como imperativo no discipulado cristão

A missão vivida e proposta por Jesus em vista do Reino de Deus é potencialmente participável. Em seu discipulado não cabe nenhum tipo de classismo excludente. A missão apostólica é de todos(as) discípulos(as) (Mt 10,1-11; Mc 3,13-19 e 6, 7-11; Lc 10, 1-16).[154] Isso é coerente com o conjunto do Novo Testamento no qual o Espírito Santo aparece operando em toda

150 Cf. G. Mattai, "Per una Società Partecipata", p. 99-115.
151 Cf. *UR* 11 que trata da "hierarquia de verdades".
152 Cf. P. L. Zampetti, *La Società Partecipativa*, p. 202.
153 H. Vorgrimler, "Partecipazione", p. 502.
154 Cf. J. McKenzie, *L'Autorità nella Chiesa*, p. 50-51; E. Schweizer, "La Comunità di Siria", p. 44; 49.

a Igreja e a autoridade é vista como obra dele, e portanto, como função da Igreja inteira. No entanto, isso não significa que todos os membros da Igreja têm o ofício de autoridade, mas que todos participam ativamente na função de autoridade com base no carisma que cada qual recebeu.[155]

O tema da autoridade exigiria uma ampla análise. Todavia, para nosso objetivo vale ressaltar que na constelação dos discípulos de Jesus é inegável a proeminência e protagonismo de Pedro. Tanto que a igreja apostólica manifestou essa sua convicção de que Jesus atribuiu a ele uma missão específica (Mt 16, 18-19; Lc 22, 31-32; Jo 21,15-19). No entanto, a liderança de Pedro não se dava de modo autoritário, mas sempre associando os demais apóstolos. Sendo, então, em perspectiva participativa (cf. At 1-12).[156] Assim, na perspectiva neotestamentária tanto o ministério petrino como o dos "Doze" se desenvolve em modo participativo.[157] Ilustra isso a narrativa do batismo de Cornélio e sua família (At 10), quando Pedro é solicitado a dar explicações. Ele "explica a maneira como as coisas aconteceram. Longe de apelar para a sua autoridade e para o dever de obediência imposto aos cristãos, ele insiste, pelo contrário, sobre a obrigação de obedecer, na impossibilidade para ele de 'impedir a Deus' (v. 17)".[158]

E desse breve aceno que fazemos em grandes linhas da *práxis* de Jesus e de sua comunidade discipular, vemos que a participação implica responsabilidade compartilhada por toda a comunidade, conforme atesta Mt 18,15-18. Que tem seu sumário paralelo em Lc 17,3 e contexto similar se encontra também na comunidade paulina de Corinto por ocasião de um problema

155 Cf. J. McKenzie, *L'Autorità nella Chiesa*, p. 90.

156 Cf. J. McKenzie, *L'Autorità nella Chiesa*, p. 66-67 e R. Schnackenburg, "Participação da Comunidade por Consenso e Eleição no Novo Testamento", p. 863.

157 Cf. E. Schweizer, "La comunità di Siria", p. 46-47.

158 J. Dupont, "L'Union entre les Premiers Chrétiens dans les Actes des Apôtres", p. 910.

moral entre seus membros (1Cor 5,1-6). A resolução apresentada por Paulo é recorrer à assembleia.[159] Ora, esse texto escriturístico foi comumente intitulado de "correção fraterna". Mas para evitar uma conotação por demais negativa e pejorativa ligada à ideia de punição, talvez seja mais apropriado nomeá-lo de "responsabilidade compartilhada". Isso está na linha do que aparece em At 11,2 quando os cristãos de Jerusalém pedem a Pedro que se explique, ou seja, a comunidade também pode exercer a crítica. Trata-se das etapas a serem observadas com relação a alguém que cometeu pecados (mais do que falhas pessoais), ou seja, que colocou em risco a unidade da comunidade. Interessa-nos nesse caso a "instância" da terceira etapa desse procedimento comunitário. Sobre a qual se pode inferir que "a autoridade está para agir *só como última instância, não como instância primeira nem única* [...] Jesus aqui não especifica [as instâncias de autoridade], mas formula com o nome genérico de 'a igreja'".[160]

Por conseguinte, o núcleo significativo do aludido texto é de não supervalorizar o poder dos dirigentes como se fossem os únicos capazes de assegurar a unidade da comunidade (Igreja). Ao contrário, ressalta-se a responsabilidade compartilhada de todos os membros que devem zelar cada qual por tal unidade. Mesmo porque "em uma sadia eclesiologia de comunhão o controle só pode ser 'circular', como implica a antiga praxe da *correctio fraterna* que é estruturalmente recíproca".[161] Assim, por

---

159 Cf. W. A. Meeks, *I Cristiani dei Primi Secoli*, p. 326-328. Por um lado, há muita concordância entre os dois relatos, cf. B. Van Iersel, "Quem tem, segundo o Novo Testamento, a palavra decisiva na Igreja?", p. 1046-1047. De outra parte, há também categorias teológicas diferentes. Em todo caso, o relevante é a menção da instância comunitária como sendo decisiva, cf. J. Gnilka, *I Primi Cristiani: Origini e Inizio della Chiesa*, p. 374. Há quem julgue que a responsabilidade é dividida entre a comunidade local e uma liderança hierárquica, cf. G. W. MacRae, "Shared Responsibility – Some New Testament Perspectives", p. 121-123.

160 J. I. González Faus, *La Lógica del "Reinado de Dios"*, p. 24. Sendo importante entender aqui por Igreja, a inteira comunidade participando, cf. J. McKENZIE, *L'Autorità nella Chiesa*, p. 88-89.

161 G. Alberigo, "Eclesiologia e Democracia. Convergências e Divergências", p. 644. Embora

um lado, é indiscutível que "aquela dos discípulos não é uma comunidade do tipo igualitário: Jesus é o seu Senhor e Mestre".[162] Mas, por outro lado, "a resposta de Jesus à questão de quem é o maior dos discípulos é esta: ninguém. Ele compara expressamente o seu próprio grupo com a estrutura da sociedade civil existente e proíbe a introdução desta estrutura autoritária dentro da comunidade dos seus discípulos".[163]

Desse modo fica corroborada a ideia de que não se pode minimizar a posição crítica de Jesus ao modo como se exercita o poder no mundo e que acaba seduzindo até mesmo seus discípulos (Mt 20, 20-28; Mc 10, 35-45; Lc 22, 24-27). Portanto, o Cristianismo inaugura um discipulado que se define e se consolida como proposta de contraste, sobretudo com base em dois valores que são fundamentais: amor ao próximo (até aos inimigos) e renúncia à posição de *status* social.[164]

5. Eclesiologia da participação: fundamento teológico do laicato como sujeito eclesial

Na sucinta panorâmica apresentada buscamos demonstrar alguns dos principais elementos histórico-teológicos que fundamentam a participação. Existe uma intrínseca relação que une o princípio fundante da participação à possibilidade real de sua configuração na Igreja e na sociedade. Pois, em última instância:

> Se as totalidades não são entendidas como participativas, elas permanecem ou abstratas e insignificantes (como, por exemplo, uma igreja clericalizada que segrega), ou se transformam em *totalitarismos*,

este autor utilize a "terminologia convencional", mas ele remete para a incidência eclesiológica desse princípio.

162 T. Söding, *Gesù e la Chiesa*, p. 229.

163 J. McKenzie, *L'Autorità Nella Chiesa*, p. 46.

164 Cf. G. Theissen, *La Religion des Premiers Chrétiens*, p. 113-193.

como quando os indivíduos são inseridos no conjunto correspondente não de maneira autêntica, isto é, participativa, mas com coação e opressão. A partir disso, o significado eminente da idéia de participação não deve ser julgado apenas em relação à solução de questões especulativas, mas também, e particularmente, em relação à superação dos problemas concretos da igreja, sociedade etc.[165]

No entanto, na impossibilidade de checar de perto todas as consequências das proposições expostas anteriormente, interessa-nos destacar aquelas próprias da perspectiva eclesiológica da participação. Porque, "uma concepção fundamental da participação na eclesiologia refere-se a uma fonte autêntica de toda teologia prática" [e] "a noção de participação também aparece como um distintivo eclesiológico confiável".[166] Ademais, "nenhuma instância como a Igreja, em nome do mistério do Crucificado Ressuscitado, pode participar de todo movimento histórico de resposta às necessidades históricas do homem, de modo perfeitamente integrado, com uma peculiar validade crítica que lhe permita prosseguir na tentativa de construir deveras o 'homo novus'".[167]

Será então com base nessa singular aproximação que procuraremos delinear um específico ainda pouco explorado, ou seja, "em vez de falar de 'participação' em geral, optamos por observar, em vez disso, se a 'participação' diversificada de todos, de acordo com as condições e funções, participação expressamente apresentada pelo Vaticano II, está se efetivando na Igreja".[168] Embora haja diferença de acento entre os autores que defendem a participação na Igreja, não deixam de ser pertinentes as ponderações que são feitas em cada época.[169]

---

165 L. B. Puntel, "Partecipazione", p. 146.
166 F. Moog, *La Participation des Laïcs à la Charge Pastorale*, p. 33; 381.
167 S. Dianich, "Como vai a Eclesiologia?", p. 884.
168 G. Routhier, *Les Pouvoirs dans l'Église*, p. 10.
169 Cf. C. Riva, *La Partecipazione nella Chiesa*, p. 42-43.

E começamos por essa importante premissa: "a Igreja é participação na missão do Filho [...] a Igreja não se pode definir nem com categorias de instituição, nem com categorias de comunidade. Pode ter aspectos de ambas, mas não é nem uma, nem outra. A Igreja tem a sua realidade na missão [...]".[170] Em contrapartida, há quem argumente que "na medida em que nós-igreja, nós-povo de Deus, nós-comunidade de fé, conseguimos redimensionar a Igreja-Instituição em Igreja-Comunidade com isso conseguimos ser *a maior força evolutiva da participação em todos os níveis.* A relação Igreja-mundo se realiza adequadamente nestes termos evolutivos de participação".[171] Ora, não poderia ser de outro modo, pois seu agir missionário somente poderá realizar-se fundamentado na sua essência de ser participação/comunhão.[172]

E aqui cabe esclarecer que "'participação' e 'comunhão' são termos etimologicamente relacionados. O termo 'koinonia' não significa apenas a participação comum no mesmo bem, tem também uma valência ativa ou um aspecto dinâmico: tomar ativamente parte".[173] Além disso, a participação é inseparável da comunhão, pois essa é participação nos mesmos mistérios e tem por consequência a participação na mesma missão. Mas, enquanto a participação nos bens da salvação é passiva, na vida eclesial é totalmente ativa.[174]

Desse modo, é inegável que a realidade teológica da Igreja necessita de estruturas para expressar sua essência a fim de

170 J. Comblin, *Jesus, Enviado do Pai*, p. 17.
171 A. Ellena, "Comunità Ecclesiale e Comunità Locale", p. 63.
172 Cf. W. Kasper, *Teologia e Chiesa*, p. 290.
173 G. Routhier, *Le Défi de la Communion*, p. 64 [nota 78].
174 Cf. G. Routhier, "La Synodalité de l'Église Locale", p. 126 [nota 42] e p. 129. Ainda sobre isso, cf. H. Vorgrimler, "Ecclesiologia di Comunione", p. 238-239. Sobre a noção eclesiológica de comunhão, cf. W. Kasper, *Teologia e Chiesa*, p. 284-301; J. Hamer, *L'Église est une Communion*; J-M. R. Tillard, Église d'Églises; J. Rigal, *L'Ecclésiologie de Communion* e B. J. Hilberath, "La Iglesia como 'communio': ¿Fórmula Mágica o Programa de Acción?", p. 15-23.

superar qualquer contradição com seu princípio de origem. A exigência explícita disso está no fato que

> Para que a determinação da igreja como *comunhão* não seja apenas uma construção ideológica sem realidade, o seu *ser* como *comunhão* deve ser traduzido em uma práxis de *communicatio*. Isto é: tudo o que nela está, suas estruturas e instituições, seus processos vitais e de intercâmbio, devem levar a representar e realizar o conteúdo sensível da *comunhão* [...].[175]

Afinal, as estruturas não são secundárias, tanto que "as ideias eclesiológicas diretivas do Vaticano II despertaram expectativas de consequências estruturais".[176] Quiçá se poderia em modo breve e de paráfrase afirmar que, assim como existe uma consonância dinâmica entre *lex orandi* e *lex credendi*, o mesmo deveria ocorrer entre *lex communionis* e *lex participationis* a fim de assegurar a coerência dos valores essenciais da vida cristã.[177] Porque, "formas de participação são, de fato, vazias, estruturas mortas, se não são animadas pelo espírito de comunhão. Por outro lado, como toda a vida, uma comunhão viva não pode se desenvolver se não for dado escopo, formas e estruturas".[178] De maneira mais contundente ainda, constata-se que "a recomendação do espírito de comunhão em vez de estruturas de participação e a confusão de comunhão com harmonia total são às vezes usadas para apoiar os persistentes monopólios de responsabilidades e poderes, bem como a centralização. A comunhão aqui é interpretada como o dever de praticar uma subordinação que é exigida em nome do espírito de comunhão".[179]

---

175 G. Greshake, *Il Dio Unitrino. Teologia Trinitaria*, p. 438.

176 B. J. Hilberath, "La Iglesia como 'Communio': ¿Fórmula Mágica o Programa de Acción?", p. 17.

177 Paráfrase nossa com base em: G. Alberigo, "Eclesiologia e Democracia", p. 649. E sobre a história desse adágio, cf. P. de Clerck, "'Lex Orandi et lex Credendi'. Sens Original et Avatars Historiques d'un Adage Équivoque", p. 193-212.

178 H. J. Pottmeyer, *Towards a Papacy in Communion*, p. 130-131.

179 H. J. Pottmeyer, *Towards a Papacy in Communion*, p. 131.

Por isso é imprescindível notar que "não se trata aqui tanto de uma atitude de fraternidade e liberdade espiritual no Povo de Deus –que, é claro, deve ser pressuposto–, mas da reestruturação de instituições sociais que permitam ao Povo de Deus cristãmente maduro de participar ativamente na vida da Igreja. Como tais instituições são de natureza jurídica, elas podem ser declaradas como tais pela Igreja, mas como elas são puramente humanas e, portanto, variáveis, nem sempre existiram e, portanto, podem ser reestruturadas ou criadas".[180] Portanto, se prescindimos das várias formas de participação na vida eclesial, corremos o risco de comprometer a própria comunhão. Ainda que seja importante assinalar que "democracia e comunhão não são sinônimos, mas também não se ignoram mutuamente ou se contrapõem[...]".[181] E isso não significa obviamente aderir a um "democraticismo ou sociologismo".[182] E a Igreja em sua dimensão constitutiva pneumática corrobora e requer a participação de todos. Portanto, em formulação eclesiológica isso é captado e expresso do seguinte modo:

> Se a Igreja nasceu de uma decisão dos Apóstolos, impulsionados pelo Espírito, então o poder de decisão comunitária, disciplinar e dogmática pertence essencialmente à Igreja. Se ela mesma nasceu de uma decisão, então continuará a viver se cristãos e homens de fé no Cristo ressuscitado e no seu Espírito permanentemente renovarem essa decisão e encarnarem a Igreja nas novas situações que se lhes antolharem, seja outrora na cultura grega e medieval, seja hoje [...].[183]

---

180 K. Rahner, "¿Democracia en la Iglesia?", p. 198.
181 A. M. Unzueta, "Democracia y Comunión en la Iglesia", p. 155.
182 Cf. João Paulo II, *Carta Apostólica. Tertio Millennio Adveniente* [36].
183 Cf. L. Boff, "O Jesus Histórico e a Igreja", 170. Para elementos adicionais nessa direção, cf. S. Demel, "Espíritu Santo y Oposición (en) la Iglesia: ¿Sólo una Ficción?", p. 141-150.

Ademais, a própria etimologia do vocábulo *ekklēsía* remete para a ideia de participação. Seja desde sua gênese em âmbito profano grego até sua conotação cristã, pois figurava na consciência da Igreja primitiva entre as diversas dimensões que a compunha esta de reunir-se em assembleia para deliberar ou decidir sobre sua organização (1Cor 6,4; 2Cor 8,19; 8,23; Mt 18,7).[184] De maneira análoga vemos também que

> o termo grego "sínodo" (assembleia, reunião, conselho) significa etimologicamente "caminho ou viagem realizado em companhia". Mais uma vez as primeiras comunidades aparecem apropriando-se de uma nomenclatura do ambiente em que se movem, para aplicá-la de modo criativo às realidades eclesiais. A sinodalidade trata de mostrar aquilo que é comum, fator de comunhão na Igreja.[185]

Portanto, a participação é da natureza constitutiva da Igreja e a caracteriza desde seu início tendo a vantagem de ser virtude evangélica e democrática ao mesmo tempo. Com isso ressurge um questionamento quanto à possibilidade de um governo participativo na Igreja. Ora, é importante observar que

> Em si não existem dificuldades teológicas contra um governo colegial e sinodal da Igreja Católica, desde que haja uma decidida redução do primado de jurisdição do papa. Algumas tentativas de reavivar efetivamente a prática sinodal na Igreja Católica falharam por causa do centralismo romano.[186]

Se inevitavelmente esse tema é evocado é porque esclarece que

> a sinodalidade propõe um modelo de troca e consulta, mas sobretudo ela permite que todos participem, segundo sua posição, em

---

184 Cf. M. P. Río, "Ekklēsía", p. 601-607.

185 A. M. Unzueta, "Democracia y Comunión en la Iglesia", p. 158.

186 H. Vorgrimler, "Sinodo", p. 681.

uma obra comum. Este conceito assegura então uma participação organizada e orgânica, levando em consideração a diversidade de funções [...]. No exercício sinodal do governo de uma Igreja local, os dois elementos constitutivos da Igreja, ministério – princípio hierárquico – e participação de todos – princípio comunitário–, são indissociáveis.[187]

Ao defendermos a pertinência do conceito de participação em eclesiologia não estamos negligenciando as devidas cautelas que se deve ter para que não se desvie do que corresponde à essência da Igreja. Porém, não há porque temer em adotar termos e valores da sociedade se esses podem expressar algo da realidade misteriosa da Igreja.[188] Assim vemos que "não só a forma de governo democrático não parece opor-se à constituição original e divina da Igreja, mas, pelo contrário, parece ser-lhe particularmente adequada. A colegialidade não é uma forma de governo democrático? Ora, a colegialidade remonta à fundação mesmo da Igreja".[189] De tal modo que, poderíamos até admitir que

> o termo "democracia" provavelmente não é o termo mais apropriado para qualificar as instituições eclesiásticas. Mas a Tradição nos oferece outros, que testemunham a enculturação de instituições democráticas no Povo de Deus, antes e depois da vinda de Jesus. Estamos pensando aqui especialmente nos termos "colegial" e "sinodal".[190]

E a fidelidade da Igreja à sua natureza e missão e aos seus elementos constitutivos (colegialidade apostólica, sinodalidade, subsidiariedade, sociedade de direito, poder compartilhado e

187 G. Routhier, "La Synodalité de l'Église Locale", p. 147; 149-150.
188 Cf. G. Routhier, "La Synodalité de l'Église Locale", p. 125-131.
189 M. Ducos, *Les Relations Humaines dans l'Église*, p. 170.
190 M. Metzger, "Les Leçons de la Tradition", p. 36.

como serviço etc.)[191] assegura a presencialidade da essência evangélica em sua constituição socioeclesial. Pois a Igreja, por meio do anúncio que faz da mensagem evangélica, contribui para a interiorização de uma cultura democrática e, enquanto forma de sociedade, constatam-se também afinidades. Contudo, o maior contraste está, por um lado, na indeterminação e no relativismo que caracterizam a democracia, ao passo que a Igreja tem um ponto preciso de determinação e não se define como regime político. Por sua vez, na Igreja há também estruturas institucionais historicamente marcadas pela concepção monárquica de hierarquia.[192] Em modo um tanto caricaturesco o mesmo é sentenciado em outras palavras, isto é,

> a Igreja tem algo monárquico devido a seu chefe único que é Cristo e pelo primeiro de seus pastores humanos, que é o bispo de Roma. Ela tem algo de oligárquico se consideramos o pequeno número de pessoas que exercem o poder. Ela tem algo de democrático pelo sacerdócio comum dos fiéis e pela missão apostólica confiada a todos os seus membros. Mas, estritamente falando, ela não é nada disso em particular, e ela é tudo isso ao mesmo tempo.[193]

Todavia, a Igreja goza de um grande privilégio, pois "o que constitui o sentido e a meta de toda democracia é na Igreja o pressuposto".[194] É evidente que se requer prudência na análise, dada a constituição específica da Igreja que transcende qualquer sistema político. De qualquer modo, é inegável a afinidade e sinergia daquela com a coincidência total e perfeita entre uma e

---

191 Para entender mais as três realidades de conciliaridade, sinodalidade e colegialidade que expressam a comunhão/participação da Igreja, cf. G. Routhier, "La Synodalité de l'Église Locale", p. 118-131.

192 Cf. P. Valadier, "Quelle Démocratie dans l'Église?", p. 224-229.

193 M. Ducos, *Les Relations Humaines dans l'Église*, p. 169.

194 K. Rahner, "¿Democracia en la Iglesia?", p. 193.

outra. No entanto, vemos que de tudo isso, torna-se imperioso admitir que

> o advento da "Igreja democrática", se pode transformar o modo e o estilo das relações na comunidade eclesial, não pode de modo algum eliminar a instituição apostólica (papa, bispos, padres) nem sua função de representação de Cristo e *da autoridade constitutiva da Igreja*. Isso não quer dizer que não haja nada para modificar nas estruturas da Igreja, pelo contrário; ninguém pode de fato negar que a designação de titulares de autoridade não deva se transformar. Aliás, a História está aí para nos recordar, por exemplo, a infinita variedade de modos sucessivos de designação de bispos e padres. Do mesmo modo, todos estão conscientes de que *o modo do exercício de autoridade deve evoluir no sentido de uma maior participação de todos* à informação e às decisões pastorais.[195]

E como forma de garantir ainda mais um sadio equilíbrio nessa impostação eclesiológica é irrenunciável levar em conta que:

> a noção de participação deve acompanhar os aprendizados eclesiológicos necessários nas Igrejas locais e nas paróquias, deve mais que nunca se apoiar sobre a tríade sinodalidade – colegialidade – primado, que lhe permite contrabalancear os "efeitos perversos" da participação política para a própria democracia. Assim, a consideração necessária de levar em conta os fiéis na elaboração de decisões que envolvem a Igreja requer um desenvolvimento da sinodalidade que evite a deriva democrática para se centrar sobre o discernimento e o consentimento à obra do Espírito na Igreja.[196]

Além disso, a autoparticipação divina fundamenta e remete necessariamente para a vida eclesial participativa. Embora

---

195 P. Eyt, "Vers une Eglise Démocratique?", p. 611 [destaque nosso].

196 F. Moog, *La Participation des Laïcs à la Charge Pastorale*, p. 439-440.

historicamente se tenha buscado entendê-la mais como argumento contrário à participação eclesial do que na verdade seu princípio estruturante. Conforme os fatos comprovam, pois

> no tempo do Concílio Vaticano II e nos anos sucessivos (anos sessenta do século 20 e mais tarde), na Igreja Católica foi feito o pedido de uma democratização. As autoridades eclesiásticas motivaram sua rejeição dizendo que a Igreja é fundada da auto-participação de Deus em sua revelação e que está ligada a ela por todos os tempos [...].[197]

Todavia, não há como negligenciar ou cancelar esse dado eminentemente eclesiológico da configuração eclesial. Mesmo que pareça prevalecer uma posição alheia à relevância e pertinência desse tema em âmbito eclesiológico. Apenas a título de exemplificação disso, observa-se que a participação é um verbete que raramente se encontra nos dicionários de eclesiologia (mesmo nos mais extensos), e quando figura, recebe um tratamento indireto e superficial. É como se fosse área somente de interesse da ciência social e política sem nenhuma implicação eclesial.[198] De qualquer modo, o indiscutível é que não há nenhuma interdição dogmática que impeça a mudança de estrutura e exercício de poder na Igreja para que seja mais participativa.[199]

Aliás se constitui em algo conatural decorrente da coerência entre fé e vida eclesial. O reconhecimento da pertinência teológica (eclesiológica) da participação requer um passo subsequente, avaliação e possíveis mudanças de estruturas. Pois, conforme já aludimos

> as verdades de fé, para serem realmente vividas, necessitam de estruturas institucionais correspondentes. Sem elas, mesmo corretas

197 H. Vorgrimler, "Democratizzazione nella Chiesa", p. 190.
198 Cf. E. Colom, "Democrazia", p. 403-409.
199 Cf. M. Ducos, *Gouvernement et Efficacité dans l'Église*, p. 72.

> e verdadeiras, tais verdades não conseguem plasmar e estruturar a vida dos cristãos. Afirmar, por exemplo, que a Igreja é uma comunhão sem oferecer estruturas de comunhão significa tornar tal afirmação inócua e ineficaz.[200]

Por tudo isso que brevemente expusemos aqui, a participação continua sendo reclamada na Igreja, porque "precisamos de mais colegialidade, diálogo e corresponsabilidade, de mais permeabilidade de informações e mais transparência dos processos de decisão".[201] Atuais ou mais distantes no tempo, porém não faltam prognósticos e prospectivas sobre a Igreja referentes à participação, e que conservam sua validade.[202] A questão de fundo é que a Igreja

> por seu anúncio e pregação, contribui para interiorizar uma cultura de respeito pelo outro, de igualdade de todos e de fraternidade. Propõe um modelo de exercício da autoridade que passa pelo serviço e o dom de si mesmo, não o autoritarismo e a imposição. A este nível, pode-se reconhecer uma profunda afinidade ou parentesco entre virtudes evangélicas e virtudes democráticas. Mas, aqui está o paradoxo, em sua mensagem propõe atitudes democráticas que contrastam com suas próprias estruturas históricas marcadas por uma concepção monárquica da hierarquia.[203]

E assim, paulatinamente a Igreja vai sendo provocada à participação e a responder com base em sua essência e linguagem teológica aos tempos modernos.[204] E para essas virtudes é mister

---

200 M. F. Miranda, *Igreja e Sociedade*, p. 6.
201 W. Kasper, *Teologia e Chiesa*, p. 297.
202 Cf. M. Kehl, "¿Hacia Dónde Va la Iglesia?", p. 84; A. Ellena, "Comunità Ecclesiale e Comunità Locale", p. 65-66.
203 C. Schickendantz, "Hacia una Reforma Institucional. El Debate sobre la 'Democratización' de la Iglesia".
204 Cf. P. Eyt, "Vers une Eglise Démocratique?", p. 608.

desenvolver jurídica e estruturalmente os meios apropriados para que não se sobreponha a ideologia, e com isso se perca a oportunidade de um eloquente e profético testemunho à sociedade e às demais instituições.[205] De tal modo, "contribui para evitar o centralismo e o estilo de governo autoritário a aplicação do princípio de subsidiariedade, que já Pio XII disse que 'serve também para a vida da Igreja, sem detrimento de sua estrutura hierárquica'".[206]

Portanto, em consonância com as proposições teológicas que foram evocadas anteriormente, ao tratarmos da participação no âmbito eclesial, inevitavelmente temos de consentir que

> Se alguém não participa da Igreja como se participa de uma sociedade puramente humana, isso não significa que, na *Ecclesia qua societas*, sejam abolidas as regras que regem o funcionamento dos grupos humanos, nomeadamente a necessidade de expandir a participação. Apenas que, esta regra encontra na Igreja um fundamento específico e um enraizamento mais profundo ainda, a participação está baseada primeiramente na graça que nos faz entrar na comunidade.[207]

De maneira que, sem excluir as contribuições das demais abordagens, a eclesiológica reveste-se de singular valor por recolher os principais elementos das demais e por oferecer um endereçamento correspondente à natureza própria desse estudo que fazemos. Além do mais, se percebe que:

> se a Igreja deve permanecer *aberta ao Espírito* que hoje fala com ela através das exigências democráticas dos homens deste tempo, ela deve, entretanto, continuar a ser *dirigida e organizada* de

---

205 Cf. H. Heinz, "Democracia en la Iglesia. Corresponsabilidad y Participación de Todos los Bautizados", p. 171.

206 H. Heinz, "Democracia en la Iglesia. Corresponsabilidad y Participación de Todos los Bautizados", p. 170.

207 G. Routhier, "La Synodalité de l'Église Locale", p. 156.

modo a permanecer a Igreja fundada por Cristo sobre os Apóstolos e seus sucessores. A dupla fidelidade que nos é solicitada hoje não pode ser contraditória.[208]

De sorte que o suporte organizacional eclesial sirva para estimular as pessoas a uma participação ativa e responsável. Deve para isso superar a dicotomia entre instituição e comunidade ou a oposição entre inovação cultural e institucionalização.[209] Quiçá, efetivando a chamada "institucionalização da mudança", como algo novo e permanente.[210] A despeito obviamente de contradições e negações que dialeticamente se fazem também presentes. Contudo, o que é decisivo é que a participação seja praticada sem conotação de ser uma concessão ou favor que a hierarquia faz aos fiéis cristãos. Pois na verdade o que está faltando perceber é que, se é evidente a base comum para a vida cristã – o batismo, o mesmo não ocorre em relação aos poderes e direitos dos leigos na Igreja; permanecem circunscritos, limitados e condicionados.[211] Há um imenso campo ainda a ser explorado e a isso nos propomos, fazendo algumas indicativas no capítulo seguinte.

208 P. Eyt, "Vers une Eglise Démocratique?", p. 613.
209 Cf. J. Remy, "Innovations et Développement des Structures. Les Problèmes que Pose l'Institutionalisation", p. 201-228.
210 Cf. Ibid., p. 208; 216.
211 Cf. G. Routhier, *Les Pouvoirs dans l'Église*, p. 122.

III

DESAFIOS E OPORTUNIDADES PARA A PARTICIPAÇÃO DOS LEIGOS E LEIGAS NA IGREJA DO SÉCULO XXI

Tendo em conta o percurso que foi feito faz-se mister convergir, a partir de agora, para uma reflexão que contemple os desafios e as perspectivas relacionados com a participação eclesial. Ora, ao longo do nosso estudo já acenamos para alguns desses elementos, sem sistematizá-los. Entretanto, é óbvio que ao tratar disso agora não o faremos de maneira definitiva, mas sempre indicativa. Ademais, estaremos pressupondo um quadro mais amplo de análise que reflete, por sua vez, uma lúcida e realista consciência eclesial.[1] Concretamente o chão eclesial que nos serve de âncora é o brasileiro, que inevitavelmente está inserido no contexto planetário, tendo de afrontar desafios e cumprir tarefas que surgem desde seu próprio contexto.[2] Mas justamente por isso, não pode haver isolamento, pelo contrário, cada vez mais deve crescer a consciência de que estamos conectados e vivendo em um planeta hiperglobalizado.[3]

E não é demais realçar novamente o mérito da Igreja do Brasil e de seu episcopado, que, no período pós Concílio Vaticano II, priorizou no país uma evangelização integral e uma articulação pastoral inéditas. De modo que a CNBB retrata o esforço e a dedicação de muitas pessoas (bispos, padres, religiosos, agentes de pastoral, leigos e leigas), que fizeram uma história repleta de conquistas, dificuldades e muita aprendizagem em

---

1 Cf. O. C. Vélez caro, "Desafios da Igreja do Século XXI", p. 858-873 e J. Comblin, "As Grandes Incertezas na Igreja Atual", p. 36-58.

2 Cf. A. Brighenti, "A Mundialização de Desafios ate então Continentais", p. 382-389 e Id., "Prospectivas para a Igreja no Brasil na Aurora do Terceiro Milênio", p. 535-543.

3 Cf. P. Khanna, *Connectography. Mapping the Future of Global Civilization.*

torno da participação eclesial. Por isso é desnecessário retomar aqui toda a argumentação em torno da relevância das Conferências Episcopais.[4]

Isso posto, apresentaremos alguns dos desafios a serem afrontados ainda pela Igreja a fim de se efetivar mais amplamente a participação nos seus quadros eclesiais. E faremos isso de maneira direta, objetiva e sem estabelecer uma ordem de importância.

1. Alguns dos principais desafios

1.1 Manter a fidelidade à letra e ao espírito do Concílio Vaticano II

Porque hodiernamente é consenso que "O pedido de liberdade, de igualdade substancial, de participação e de co-responsabilidade está claramente enunciado no coração da eclesiologia conciliar. Ninguém poderá apagar agora essas palavras do roteiro da comunidade cristã".[5] Mesmo que seja sobejamente sabido que nem tudo que nasceu a partir do Vaticano II com o propósito de fomentar a participação tem sido avaliado como positivo.[6] Assim, o desafio consiste em realizar uma adequada e equilibrada hermenêutica dos textos e dos propósitos conciliares que responda às reais carências da conjuntura socioeclesial e cultural hodierna. E, acima de tudo, valorizar e aprofundar aqueles elementos emblemáticos que de certo modo defininem a eclesiologia conciliar e favorecem a participação, conforme elencamos e explicitamos no segundo capítulo desse texto.

---

4 Cf. A. Brighenti, "Sinodalidade Eclesial e Colegialidade Episcopal", p. 880.

5 G. Frosini, *Una Chiesa di Tutti. Sinodalità, Partecipazione e Corresponsabilità*, p. 9.

6 Como exemplo de avaliação feita no contexto europeu, cf. G. Defois, "Structures de Dialogue, Participation et Co-Responsabilité dans l'Église Actuelle", p. 101-115.

1.2 Criar novas formas de valorizar ainda mais a presença e o trabalho do laicato na Igreja e na sociedade

Pois é válido o magistral argumento de que os leigos "não podem ser somente usuários e executores passivos, mas se constituem os protagonistas" na vida eclesial.[7] Assim, o desafio consiste em dar acesso ao laicato às instâncias de decisão e governo da Igreja. "Mas para isso temos que mudar nosso modo de estar na Igreja, temos que lutar por um espaço de liberdade, temos que criar novas estruturas".[8] Em outros termos isso significa que

> É necessário que se criem ou se dinamizem estruturas, mecanismos ou *canais que propiciem a concretização da participação dos leigos*, como as assembleias do Povo de Deus, os conselhos pastorais em todos os níveis, os sínodos, os novos ministérios leigos, as redes de comunidades, os conselhos de leigos [...].[9]

Embora atualmente isso irá requerer formulações teológicas e jurídicas que se adequem aos princípios da condição cristã como sendo a base sobre a qual tudo esteja fundamentado.[10] De modo que para isso será preciso haver uma mudança de mentalidade. Será preciso deixar de considerar o laicato como "colaborador" do clero para reconhecê-lo como "corresponsável" do ser e do agir da Igreja. Em vista de alcançar assim um laicato maduro e comprometido.[11] Mas para isso será necessário deixar-se inspirar pelo modo como se organizavam as comunidades cristãs antigas. Além disso, a consistente experiência eclesial brasileira

---

7 Bento XVI, "Congresso Internacional Promovido pelo Pontifício Conselho 'Justiça e Paz' para o 50° Aniversário da 'Mater et Magistra' de João XXIII". Veja também o texto do episcopado Brasileiro, cf. Cnbb, *Missão e Ministérios dos Leigos e Leigas Cristãos: o Serviço à Vida e à Esperança*, Est 77.

8 M. F. Miranda, *A Igreja que Somos Nós*, p. 12.

9 R. B. Dias, "Desafios de uma Igreja Participativa", p. 612.

10 Cf. Bingemer, M. C. L., "Da Teologia do Laicato à Teologia do Batismo", p. 29-48.

11 Cf. Bento XVI, "Abertura do Congresso Eclesial da Diocese de Roma".

e latino-americana permitem ver que, não somente é possível, como se faz necessário, um real protagonismo do laicato na vida e na missão da Igreja. Contudo, a qualificação que é exigida dos leigos deverá lhes possibilitar também um maior acesso às instâncias de governo e decisão para serem de fato vistos como adultos.

1.3 Fazer que haja maior congruência entre os princípios teológicos e as estruturas eclesiásticas

Em outras palavras, fazer que os princípios teológicos, mormente os de participação e comunhão sejam encarnados ou incorporados em estruturas eclesiais correspondentes, ou seja, que se tornem instâncias que visam a descentralização e a maior corresponsabilidade na Igreja. Pois comunhão não deve ser "entendida como um *sentimento* vago, mas como *realidade orgânica* que exige uma forma jurídica e, ao mesmo tempo, é animada pela caridade".[12] Talvez nisso resida um dos mais ingentes desafios, ou seja, de traduzir em organizações institucionais as proposições teológicas contidas em LG 8. Pois, existe a "dificuldade em articular concretamente os dois acentos da eclesiologia conciliar: o jurídico e o comunional, porque, embora estejam claramente orientados para o último como uma chave eclesiológica global, nem sempre encontram uma operatividade, expressão e síntese concretas".[13] De modo que o embasamento bíblico-teológico da eclesiologia da participação é o princípio que lhe salvaguarda sua peculiaridade e, ao mesmo tempo, que mais requer que a vida eclesial se configure segundo esse dinamismo. Disso brota uma tarefa monumental, mas que responde profundamente à vocação humana e cristã.

---

12 Compêndio do Vaticano II, *NEP* [2]. O destaque é do texto original.

13 S. Pié-Ninot, *Eclesiología*, p. 568.

1.4 Empenhar-se para que as propostas magisteriais que se referem à vida da sociedade civil sejam assumidas também no meio eclesial

Por exemplo, o elogio que a Igreja faz à democracia na sociedade poderia ser aplicado às suas próprias estruturas, ainda que com uma adequação própria e específica.[14] Pois, como normal geral, a ausência ou a criação de limites para a participação e o diálogo refletem inevitavelmente um tipo de atentado ao direito e à dignidade da pessoa humana, mesmo no interior da Igreja.[15] Aliás, a Doutrina Social da Igreja defende a "aspiração à igualdade e a aspiração à participação" como duas expressões da dignidade e liberdade humana.[16] De modo que, se a participação é um princípio irrenunciável no rico patrimônio da doutrina eclesial, ela deve ser necessariamente um elemento imprescindível também para o nível *ad intra* da Igreja.[17]

Por tudo isso, não se sustentam mais os argumentos contrários com o receio de serem assumidos pela Igreja valores que são exclusivamente da sociedade. Se, de uma parte, a Igreja contribui decisivamente para a vida da sociedade, temos de reconhecer que também podemos receber algo dela. Afinal de contas, é sobejamente conhecido e tranquilamente aceitável que, "Ao longo da história a Igreja se inspirou em vários sistemas políticos para desenvolver suas estruturas e procedimentos internos. Não existe nenhum motivo teórico para esse uso analógico de princípios seculares ter de cessar quando os sistemas políticos seculares se tornam mais

14 Cf. Papa João Paulo II, *Centesimus Annus* [46] e A. M. Unzueta, "Democracia y Comunión en la Iglesia", p. 157.

15 Cf. C. Maccise, "A Violência na Igreja", p. 121-128 e J. M. Díez-Alegría, "Manipulação e Liberdade na Igreja", p. 607-613.

16 Cf. Papa Paulo VI, Carta Apóstolica *Octogesima Adveniens* [22;24].

17 Cf. Pontifício Conselho "Justiça e Paz", *Compêndio da Doutrina Social da Igreja*, [189-191] 114-115.

democráticos".[18] Embora se deva salvaguardar sempre os princípios teológicos, isto é, o que é próprio do âmbito eclesial e da fé.[19]

1.5 Haver uma postura de humildade e autocrítica da Igreja

Pois, enquanto grupo social, a Igreja deverá perceber que pode avançar ainda mais no quesito da participação, também em termos éticos. Pois,

> O princípio fundacional da identidade corporativa da Igreja é claro: todos os cristãos, em razão do batismo, possuem dignidade e responsabilidade iguais pela vida e missão da Igreja. O problema é, alguns poderiam dizer, a falta de uma aplicação legal desse princípio. Apesar do profundo espírito igualitário dos sacramentos cristãos de iniciação, as leis da Igreja continuam a restringir, quando não a ignorar, os direitos do fiel. Isso inclui as exigências éticas de governo participativo, de tomadas de decisão colegiais, de processo de seleção de cargos e de mecanismos de responsabilidade, para citar apenas algumas.[20]

Assim, sem se reduzir a um grupo social qualquer, mas conservando sua índole e peculiaridade próprias, a Igreja deveria favorecer o desenvolvimento das potencialidades humanas que inclui a participação. O princípio religioso não ofusca aquele de grandeza antropológica, mas o confirma e o pressupõe.

---

18 J. H. Provost, "Perspectivas de uma Igreja 'Democratizada'", p. 774 [nota 21].

19 Cf. E. Corecco, "Partecipazione e Democrazia nella Chiesa", p. 15-26.

20 A. Cartagenas, "O Abuso de Poder na Igreja: seu Impacto na Identidade, na Reciprocidade e nas Relações Familiares", p. 326.

1.6 Investir e apostar na cultura da interação

Porque no âmbito social e cultural de nossas sociedades atuais encontramos variadas formas e modalidades de comunicação, interação e participação (redes sociais, comunidades virtuais etc.). As pessoas que assumem os comportamentos e usufruem das possibilidades que as novas tecnologias oferecem são até cunhadas de "geração participação".[21] Ora, tudo isso incide sobre nossas configurações eclesiais nos questionando quanto ao grau de participação efetiva que alcançamos e experimentamos. E traz, por sua vez, desafios que são incomensuráveis. Aliás, para o âmbito já pluralista das religiões isso significa um sério ponto a ser enfrentado. Pois, esse ingrediente novo interferirá tanto no perfil de seus membros, quanto na autocompreensão de pertença institucional. Enfim, isso indica que cada segmento religioso terá de ver como irá conjugar o elemento organizativo com aquele participativo/interativo. São situações novas que, certamente antes, não causavam preocupação às religiões, mas que hodiernamente não podem ser ignoradas em vista de terem pertinência para as pessoas.

1.7 Exercer a autoridade sem renunciar à corresponsabilidade

O tema da autoridade é um campo que se apresenta bastante desafiador para o exercício da participação, sobretudo a eclesial, pois

> Todos os problemas da sinodalidade estão então vinculados a essa interseção entre participação e autoridade. O mesmo problema se reproduz em todos os níveis [...] A relação entre participação e autoridade é um nó complexo de ser dissolvido em cada agregação social; é particularmente assim na igreja, porque

21 Cf. T. Maillet, *Génération Participation. De la Société de Consommation à la Société de Participation.*

> nela a autoridade não é uma função delegada pelo povo, mas é baseada em um carisma do Espírito, dado através de um sacramento [...] Tal autoridade, no entanto, não é autocrática [...].[22]

No entanto, é preciso reconhecer a importância de haver o consenso eclesial, porque "Mesmo nos casos em que um sujeito tem autoridade para decidir sem ser delegado pela comunidade, ele não pode de modo algum pensar por ele mesmo fora da comunhão do povo de Deus".[23] De forma que se constitui um grande desafio delinear equilibradamente e com transparência a função da autoridade dentro da vida cristã, mormente na organização eclesial, sabendo de antemão que, a reivindicação para que haja mais participação eclesial não significa desconsiderar o papel e valor da instância de governo. Mas esta deve ser a primeira a salvaguardar aquela. Isso significa que,

> Qualquer projeto social de largo alcance, embora participativo, necessita de um centro ativo com poder de supervisionar as atividades amplamente distribuídas e tomar decisões necessárias para implementar o plano geral aceito por todos [...] Poder de governo é bom, necessário até mesmo em sociedades participativas.[24]

Em contrapartida, é necessário levar em conta também a mudança de consciência que se vive na sociedade atual para a qual a maneira rígida e arcaica dos papeis hierárquicos perderam sua força. Destarte, tanto pode existir promoção quanto entrave por parte da hierarquia na concretização da participação.[25] Para a superação do dilema é bastante iluminadora e

---

22 S. Dianich, "Sinodalità", p. 1528.

23 S. Dianich, "Sinodalità", p. 1529.

24 G. Baum, "Reflexões Teológicas sobre o Poder na Igreja", p. 406.

25 Cf. W. Obrist, "A Hierarquia de Ordem: uma Barreira para a Democratização da Igreja Católica", p. 650-661. E sobre o poder atípico do clero como elemento complicador da participação, cf. J. Comblin, "Olhando para o Horizonte", p. 852-854.

elucidativa a advertência que segue, pois nos livra de um olhar romântico e superficial para se alcançar a experiência de participação. E isso deve ser ponderado no momento de se conjugá-la com outros elementos a fim de garantir a participação em maneira sensata e equilibrada.

> Espalhou-se em muitos ambientes uma difusa rejeição a tudo quanto é "hierarquia" e inclusive "presidência" nos sacramentos ou, em geral, "governo" ou "autoridade". Em seu lugar, fala-se às vezes de um igualitarismo amorfo, onde todos e todas poderiam fazer tudo, dirigir tudo ou celebrar tudo. Essa atitude é favorecida por nosso tempo de "modernidade líquida" e de autoconsumo "à la carte", inclusive no campo religioso. Mas o que a torna mais forte é a parte que nela existe de aspiração a um espírito democrático na Igreja, a uma maior participação de todas as pessoas batizadas, a um honesto reconhecimento das iniciativas como nascendo da própria vida suscitada pelo Espírito, sem transformá-las em pura delegação da hierarquia. Contudo, levada ao extremo, tornaria inviável a Igreja, privando de organização a vida comunitária, deixando sem direção a celebração da fé e dispersando o trabalho pastoral. Deste modo, um mínimo de realismo faz ver que a presença da Igreja acabaria diluída e sua missão praticamente anulada.[26]

Ora, a trajetória da Igreja no Brasil demonstra bem essa tensão dialética em torno da autoridade e da participação, ou seja, sem deixar de ter uma instância regulada e reguladora dentro de um país de extensão continental, buscou também, em grande parte, ser defensora e promotora da participação. Obviamente que nem todos os períodos contaram com a mesma proporção e equilíbrio.

---

26 A. Torres Queiruga, "Volta às Raízes", p. 30-31.

1.8 Tornar a Igreja uma instituição/comunidade mais democratizada e colegial

Obviamente que isso não significa que se deva confundí-la com uma democracia formal parlamentária, mas que ela deva ser mais sinodal, corresponsável e participativa.[27] Pois, em geral o que se deseja é que, com seu modo de se organizar a Igreja tenha pertinência e relevância para a sociedade e a ajude a se tornar também mais participativa. Ademais, as causas de desafeição e desvinculação eclesial são muito variadas e complexas; são históricas, conjunturais, pessoais etc. Porém, uma das maiores sem dúvida, é a falta de uma efetiva participação e corresponsabilidade na Igreja.[28] Esse ingente desafio do *ethos* democrático exige uma postura nova e diferente no interior da Igreja. Pois, nota-se que "A democracia tem força heurística e em nada conflita, antes responde à prática mesma de Jesus e aos princípios fundamentais que ele nos deixou para o governo e a criação de estruturas eclesiásticas".[29]

Ademais, conforme já foi demonstrado, em se tratando da relação entre democracia e Igreja não há motivos para se evitar afrontar esse tema, como se fosse um tabu. Por outro lado, cabem as devidas distinções ao se fazer essa analogia a fim de não se cometer confusão. Pelo simples fato que:

> Ninguém se atreve a falar de uma democracia real na Igreja, mas também é verdade que na religião cristã estão presentes conceitos e práticas muito próximas de sua substância [...] Pelo menos uma afinidade de princípio é muito difícil de negar [...] Então,

---

27 Cf. S. Pié-Ninot, *Eclesiología*, p. 569. E quanto às implicações específicas da participação eclesial que não se confunde com aquela de caráter político, cf. E. Corecco, "Parlamento Ecclesiale o Diaconia Sinodale?", p. 32-44 e T. Bertone, "Democrazia e Chiesa", p. 131-136.

28 Cf. A. Barreiro, *Povo Santo e Pecador. A Igreja Questionada e Acreditada*, p. 22.

29 J. B. Libanio, "A Igreja que Sonhamos Construir", p. 803.

> a Igreja é democrática sim e não: sim, em certo sentido, não em outro sentido.[30]

Ainda sobre isso o Catecismo católico dos adultos da Conferência Episcopal Alemã traz alguma luz de compreensão. Se, por um lado, descarta a possibilidade de introduzir na Igreja a soberanidade popular ou do princípio de maioria, por razão evangélica, por outro lado, defende um certo estilo democrático e modos democráticos de comportamento que favoreçam a corresponsabilidade na Igreja.[31] Dessa maneira, todas essas indicações, embora sejam de grande valia, exigem obviamente ulteriores especificações e precisões. Acreditamos que a Igreja não pode ser uma democracia simplesmente, mas deve ser uma comunidade que tenha em proporção ainda maior os valores positivos daquela, segundo a lei da medida superabundante de Deus (Rm 5, 15.17). Acreditamos que foi essa caracterização eclesiológica que tentamos oferecer em nosso estudo a fim de iluminar como estabelecer e entender tal relação.

1.9 Vencer as suspeitas e oposições ao princípio eclesial de participação

E, finalmente, a atual conjuntura eclesial nos obriga a admitir que é preciso vencer e derrotar o chamado "cisma branco" (silêncio de indiferença e sem protestos)[32] que às vezes se percebe na Igreja com a nova agenda pastoral-evangelizadora do papa Francisco. Mais que isso, é imprescindível assumir o *sentire cum ecclesia*, frente ao desafio que se impõe ao papa de oferecer a toda

30 G. Frosini, *Una Chiesa di Tutti*, p. 156-157.
31 Cf. Ibid., p. 159.
32 Cf. J. B. Libanio, "Concílio Vaticano II. Os Anos Que se Seguiram", p. 80.

a Igreja uma configuração mais participativa.[33] Afinal, é clara a direção a seguir e, por isso, ele escreveu: "Sinto a necessidade de proceder a uma salutar 'descentralização'".[34]

De modo que, desde a Conferência de Aparecida a Igreja no Brasil e nos demais países da América Latina, vivemos um novo tempo pastoral/missionário. E a eleição do papa Francisco tem corroborado esse caminho rumo à maior participação, embora enfrentando algumas dificuldades e resistências. Mas isso significa que, se há oposições é porque há também possibilidades e liberdade para algo novo nascer.

2. Perspectivas no horizonte eclesial

Na sequência, passamos a expor quais são as perspectivas ou oportunidades que vislumbramos no que se refere à participação na Igreja. E aqui temos necessariamente de fazer uma vez mais menção ao novo contexto eclesial que estamos vivendo com o atual pontificado. Indubitavelmente trata-se de um tempo novo tanto administrativa quanto pastoralmente. Portanto, pontuaremos brevemente alguns elementos que podem ser individuados com base em uma nova estação eclesial que vivemos a partir do atual pontificado. E faremos isso a partir de duas fontes: dos discursos pronunciados pelo papa no Brasil (mormente ao episcopado brasileiro e aos bispos dirigentes do CELAM) e de alguns trechos de sua primeira exortação apostólica. Afinal, tudo isso começa a ter influxo na ação evangelizadora da Igreja no Brasil, conforme se pode observar com as atuais DGAE 2015-2019.

Ora, em sua primeira viagem internacional de 22 a 29 de julho de 2013, por ocasião da 28ª Jornada Mundial da Juventude,

33 Cf. J. M. Vidal - J. Bastante, "As Mudanças (Presentes e Futuras) da Primavera de Francisco", p. 104ss.
34 Papa Francisco, EG [16] 16.

ao Brasil – Rio de Janeiro, o papa Francisco dirigiu alguns discursos aos fiéis e aos bispos brasileiros. Daquilo que falou principalmente aos bispos, ser-nos-á possível identificar, ainda que sucintamente, como se coaduna seu pensamento eclesial com o conceito de participação. Nesse sentido, em seu discurso dirigido aos bispos responsáveis do CELAM, em 28/07/13, ele questionou:

> Temos como critério habitual o discernimento pastoral, servindo-nos dos Conselhos Diocesanos? Tanto estes como os Conselhos paroquiais de Pastoral e de Assuntos Econômicos são espaços reais para a participação laical na consulta, organização e planejamento pastoral? O bom funcionamento dos Conselhos é determinante. Acho que estamos muito atrasados nisso.[35]

E na continuidade do exame de consciência que o papa Francisco quis provocar nos bispos como pastores e dirigentes da Igreja, aparece a pergunta abaixo que pode seguramente ser entendida como sinônimo de questionamento pela promoção de participação no seio eclesial:

> Nós, Pastores Bispos e Presbíteros, temos consciência e convicção da missão dos fiéis e lhes damos a liberdade para irem discernindo, de acordo com o seu caminho de discípulos, a missão que o Senhor lhes confia? Apoiamo-los e acompanhamos, superando qualquer tentação de manipulação ou indevida submissão? Estamos sempre abertos para nos deixarmos interpelar pela busca do bem da Igreja e pela sua Missão no mundo?[36]

E nesta direção, importa destacar que ao tratar das tentações, afirmou: "A proposta dos grupos bíblicos, das comunidades eclesiais

35 Papa Francisco, "Aos Bispos Responsáveis do Conselho Episcopal Latino-americano (CELAM) por ocasião da reunião geral de coordenação", p. 75.

36 Papa Francisco, "Aos Bispos Responsáveis do Conselho Episcopal Latino-americano (CELAM), p. 76.

de base e dos Conselhos pastorais se colocam na linha de superação do clericalismo e de um crescimento da responsabilidade laical".[37]

No dia 27 de julho de 2013, no Rio de Janeiro, ocorreu o encontro com o Episcopado brasileiro, durante o qual o papa Francisco disse explicitamente que: "Para a Igreja no Brasil não basta um líder nacional; precisa de uma rede de 'testemunhos' regionais [...] Não é suficiente a burocracia central, mas é preciso fazer crescer a colegialidade e a solidariedade; será uma verdadeira riqueza para todos".[38]

Além disso, é significativo que o papa Francisco tenha dirigido também uma palavra relativa à valorização das mulheres para que participem ativamente na vida eclesial e tenha motivado para a participação da Igreja na vida social.[39] Afinal, sobre a participação das mulheres, também o papa João Paulo já recordara que: "é urgente realizar alguns passos concretos, começando pela abertura às mulheres de *espaços de participação* nos vários setores e a todos os níveis, mesmo nos processos de elaboração das decisões, sobretudo naquilo que lhes diz respeito".[40]

No caso específico do Brasil, embora se deva ampliar e qualificar ainda a participação da mulher na vida eclesial, reconhece-se uma real atuação delas como sujeitos eclesiais no cenário da Igreja.[41]

No que tange à Exortação *Evangelii gaudium*, de 24/11/13, colhemos verdadeiras pérolas de seu pensamento e que postulam uma *práxis* participativa para toda a Igreja. Pois, faz saber que:

> não se deve esperar do magistério papal uma palavra definitiva ou completa sobre todas as questões que dizem respeito à Igreja

---

37 Ibid., p. 78.
38 Papa Francisco, "Encontro com o Episcopado Brasileiro", p. 57.
39 Cf. Papa Francisco, "Encontro com o Episcopado Brasileiro", p. 58-59.
40 João Paulo II, *Exortação Apostólica Pós-Sinodal Vita Consecrata* [58] 109.
41 Cf. Bingemer, M. C. L., "A Mulher na Igreja do Brasil", p. 400-408.

e ao mundo. Não convém que o papa substitua os episcopados locais no discernimento de todas as problemáticas que sobressaem nos seus territórios".[42]

E ao tratar do ministério episcopal, o papa é suficientemente claro ao corroborar em que consiste uma das tarefas dos bispos e que muito contribui para consolidar a participação na Igreja. Pois, deles dependerá grande parte da missão a ser desempenhada. Assim, cada bispo

> deverá estimular e procurar o amadurecimento dos organismos de participação propostos pelo *Código de Direito Canônico* e de outras formas de diálogo pastoral [...] Contudo, o objetivo destes processos participativos não há de ser principalmente a organização eclesial, mas o sonho missionário de chegar a todos.[43]

Afinal, a percepção é nítida de que: "manifesta-se uma sede de participação de inúmeros cidadãos, que querem ser construtores do desenvolvimento social e cultural".[44] Nesse sentido, nota-se facilmente que o pontificado de Francisco começa a delinear respostas para situações sentidas há tempo por todo o corpo eclesial. De modo que

> o princípio da colegialidade episcopal foi resgatado como modo de governo da Igreja, superando a visão de uma Igreja centrada no poder papal. A tradução institucional desse princípio exigia estruturas mais descentralizadas e formas participativas do governo geral da Igreja. Esse novo modo de pensar o exercício do ministério papal ainda aguarda sua formulação [...].[45]

42 Papa Francisco, *EG*, [16] 16.
43 Papa Francisco, *EG*, [31] 26.
44 Papa Francisco, *EG*, [67] 46.
45 J. D. Passos, "O Papa Francisco e a Cúria romana", p. 985.

Assim, entre as muitas perspectivas que se abrem para a participação na Igreja, há algumas que tocam direta e especificamente aos bispos a fim de promovê-la:

> a necessidade de um maior respeito pelos direitos subjetivos das pessoas na Igreja; a importância de suscitar uma co-responsabilidade franca e leal, dado o crescente desinteresse de muitos cristãos pelas estruturas eclesiais; a urgência de oferecer condições a todos, e especialmente aos leigos e leigas, para participar com pleno direito na missão da Igreja, enfrentando uma certa fadiga e até mesmo absenteísmo dos cristãos mais ativos.[46]

Em termos de potencializar os dispositivos já existentes na Igreja e que podem contribuir para uma melhor participação, temos basicamente no posicionamento do papa Francisco um programa a ser recuperado e seguido. Alguns desses organismos, quando devidamente utilizados, podem ser expressão de participação e o papa se mostra convencido disso, por exemplo: a) os conselhos de pastoral e de assuntos econômicos como "espaços reais para a participação laical na consulta, organização e planejamento pastoral";[47] b) a ação e atuação das Conferências Episcopais que devem ser "sujeitos de atribuições concretas, incluindo alguma autêntica autoridade doutrinal";[48] c) a Cúria romana e seus dicastérios que devem funcionar como "mecanismo de ajuda" às Igrejas particulares e às Conferências episcopais, afinal são "mediadores, não intermediários ou gestores";[49] d) a "conversão do papado" em sentido mais colegial e pressupondo as conferências episcopais.[50] E na esteira disso,

46 S. Pié-Ninot, *Eclesiología*, p. 570.

47 Papa Francisco, "Aos Bispos Responsáveis do Conselho Episcopal Latino-americano (CELAM) por ocasião da reunião geral de coordenação", p. 75.

48 Papa Francisco, *EG*, [32] 26.

49 A. Spadaro, "Intervista a Papa Francesco", p. 465.

50 Papa Francisco, *EG*, [32] 26.

de forma lapidar e sumária, o papa manifesta sua convicção, sentenciando corajosamente que:

> algumas pessoas me dizem: "não consulte demais e decida". Pelo contrário, creio que a consulta é muito importante. Os Consistórios, os Sínodos são, por exemplo, lugares importantes para tornar essa consulta verdadeira e ativa. Mas devemos torná-los menos rígidos na forma. Eu quero consultas reais, não formais.[51]

Com base nesses elementos vistos, é palmar a consciência que de fato "Urge, portanto, potencializar e/ou criar e dinamizar as assembleias e os conselhos pastorais nas várias instâncias eclesiais e as conferências e os sínodos episcopais, como instâncias reais de participação eclesial e não como meras estruturas formais e burocráticas".[52] Em síntese, a EG faz entender que o aumento da participação do laicato na obra da evangelização é proporcional à diminuição do clericalismo na Igreja, ou seja, uma Igreja menos clerical favorece a participação de todos os seus membros. Por isso em vista de uma Igreja que seja aberta, missionária-discípula e participativa, tem sentido a lapidar advertência do papa: "Uma centralização excessiva, em vez de ajudar, complica a vida da Igreja e a sua dinâmica missionária".[53]

Por conseguinte, na esteira do que o papa Francisco já indicou para a Igreja faz-se mister considerar outras nuances que surgem dentro da nova perspectiva que nasce. Em outros termos, em se tratando dos conselhos no âmbito eclesial, é preciso ponderar algo que nem sempre se leva em conta, ou seja, do

51 A. Spadaro, "Intervista a Papa Francesco", p. 458.
52 F. Aquino Júnior, "Panorama Eclesial com o Papa Francisco", p. 1004.
53 Papa Francisco, *EG*, [32] 26. Aliás, este número na sua integralidade é sumamente relevante! E outros ainda que repercutem nesta direção, cf. Id., *EG*, [47] 33-34; *EG*, [87] 57; *EG*, [102] 64; *EG*, [220] 127.

verdadeiro significado que este termo encerra e que na cultura atual é visto como negativo. Isso na prática significa que

> O fato de que as estruturas da Igreja hoje estejam cheias de conselhos, certamente não é um excelente sinal de participação e co-responsabilidade. O povo de Deus, em seu componente laical, só é capaz de aconselhar? Seria talvez muito longa e perigosa a passagem do mundo da consultoria para a de uma real sinodalidade? Parece ter chegado agora o tempo de passar para um nível mais alto de participação.[54]

Se, por um lado, eles nasceram como instrumentos para favorecer e intensificar a participação na vida e missão da Igreja, por outro, tornaram-se com o tempo algo a obstaculizar e enfraquecer a dinâmica eclesial. Sem querer colocar aqui em discussão as causas que geraram tal enfraquecimento e falta de vitalidade, é certo que "seria necessário rever em profundidade suas estruturas e aprofundar as convicções seja daqueles que os presidem, como daqueles que neles participam".[55] Em moldura teológica isso significa que urge ultrapassar a esfera exclusivamente jurídica de instância consultiva que reclama o direito de um sobre todos para se alcançar aquela de comunhão fraterna que julga e decide em vista do bem da missão. Pois há um diferencial que é o determinante de tudo, isto é, "Na Igreja-mistério, também a consultoria redescobre suas melhores ressonâncias, reencontra também os motivos sugestivos da comunicação fraterna. Consultar entre irmãos não é como lidar com corpos estranhos".[56] Por tudo isso, não pode se constituir um atentado à jurisdição eclesiástica quando, em situações simplesmente ordinárias de administração, se recorre

54 G. Frosini, *Una Chiesa di Tutti*, p. 103-104.
55 G. Frosini, *Una Chiesa di Tutti*, p. 104.
56 G. Frosini, *Una Chiesa di Tutti*, p. 106.

ao voto deliberativo dos membros de um conselho em vista de uma melhor e edificante decisão. Ao contrário, isso permitiria ulteriores avanços e novas performances. Mas é algo que, quando consta em documentos eclesiásticos, é em modo subliminar. Omitindo uma opção clara pela participação decisional e de poder real.[57] Seria a passagem do que são hoje os conselhos consultivos para o limiar de organismos efetivos de participação. Nesse sentido, surgiu a sugestão de haver também um organismo eclesiástico do laicato ao modo do que existe para os bispos e religiosos a nível nacional.[58]

Com isso estaria se respeitando a nova compreensão antropológica que se tem, ou seja, a que pressupõe assertivamente o seguinte:

> O homem de hoje, de onde quer que venha, seja qual for a sua formação, não aceita imposições do exterior, diretrizes que chovem de cima, sem a sua contribuição e a sua participação [...] uma qualidade, isto, que se torna um defeito apenas quando é levada à exasperação.[59]

De sorte que a longa e rica tradição de planejamento pastoral da Igreja do Brasil, confirma ser esse um caminho seguro e necessário para toda atividade eclesial. Contudo, a perspectiva que se abre a partir daí é que necessariamente o processo de planejamento para ser eficaz e útil deverá ser participativo. Aliás, somente desse modo poderá refletir uma eclesiologia de comunhão. E, por conseguinte, se conservará a sintonia com a racionalidade moderna, com a teologia conciliar e latino-americana.[60]

---

57 Cf. CNBB, *Comunidade de Comunidades: Uma Nova Paróquia*, Doc 100, [290] 148.

58 Para entender tal proposta, cf. A. Lorscheider, "Uma Possível Conferência Nacional de Cristãos Leigos", p. 515-524. Em 2004, a CNBB aprovou o novo estatuto do CNLB (Conselho Nacional de Leigos do Brasil), em conformidade com o Direito Canônico.

59 G. Frosini, *Una Chiesa di Tutti*, p. 6.

60 Cf. A. Brighenti, *Reconstruindo a Esperança*.

Ulteriormente, com a Conferência de Aparecida e com a EG, outros delineamentos foram postos. Entre eles o de potencializar o laicato para a missão que deixa de ser exclusivamente do clero e passa a ser exercício de corresponsabilidade de todos os batizados, que para isso devem ser preparados.

Ainda persistem algumas situações que criam dificuldades para a participação. Por exemplo: "Não é fácil encontrar na história uma situação idêntica à de hoje, na qual os fiéis leigos, mas também os diáconos e os sacerdotes, no sistema da Igreja latina, não dispõem de nenhuma sede institucional na qual possam dar um voto deliberativo sobre as questões da igreja".[61] Contudo, diante do supracitado problema há também uma via de superação, ou seja, há perspectiva real de mudança. Por isso vislumbra-se que

> a restauração da forma sinodal da missão da igreja não deveria ser reduzida a uma democratização banal das decisões a serem tomadas por maioria e minoria. Em vez disso, exige-se a atribuição de formas adequadas de autoridade aos fiéis, ao lado e em harmonia com aquela reconhecida ao ministério ordenado dos pastores da igreja, proporcional à competência carismática de cada um. De modo que, dependendo do objeto da decisão, seja reconhecido, com a atribuição de um poder deliberativo proporcional, o carisma de cada um.[62]

Desse modo parece não haver contradição dessa proposição com o conjunto daquilo que estamos apresentando, sendo necessário apenas que haja uma adequada qualificação para determinar o sentido do que se almeja alcançar.[63] Por isso, a perspectiva eclesiológica é essencial para dar o justo significado e alcance do conceito de participação para a vida cristã. Do contrário, poderá

61 S. Dianich, "Sinodalità. Riforma Necessária e Attesa".
62 S. Dianich, "Sinodalità. Riforma Necessária e Attesa".
63 Cf. G. Routhier, *Le Défi de la Communion*, p. 189.

haver deturpações.[64] Ora, a eclesiologia de comunhão do povo de Deus torna-se o *sitz im Leben* da participação eclesial, embora, ao binômio comunhão-participação, se deveria antepor a participação, sem a qual não há verdadeiramente comunhão. Afinal, a Igreja teologicamente é comunhão, mas na sua expressão fenomenológica e organizativa deve ser sinodal e participativa. Com outras palavras, isso aparece formulado assim:

> Se a comunhão exprime a essência da Igreja, é normal que a espiritualidade de comunhão tenda a manifestar-se quer no âmbito pessoal quer no comunitário, suscitando sempre novas formas de participação e corresponsabilidade nas várias categorias de fiéis. Por isso, o Bispo esforçar-se-á por suscitar, na sua Igreja particular, estruturas de comunhão e participação, que permitam escutar o Espírito que vive e fala nos fiéis e, depois, orientá-los a fim de porem em prática o que o mesmo Espírito sugere para o verdadeiro bem da Igreja.[65]

A participação, em sua acepção teológica não é refém da conotação política. Embora não se possa negar certa correspondência entre esses campos.[66] Mas a razão de não se absolutizar a participação política como analogia da participação eclesial é que aquela possui efeitos paradoxalmente antidemocráticos. Isso resulta em perda de decisão devido à multiplicação de instâncias de decisão e de marginalização dos envolvidos no sistema da democracia representativa. E exemplo que ilustra bem tais limites e fragilidades de um sistema político democrático é

---

64 Cf. F. Moog, *La Participation des Laïcs à la Charge Pastorale*, p. 406.

65 João Paulo II, *Exortação Apostólica Pós-Sinodal Pastores Gregis* [44].

66 Cf. F. Moog, *La Participation des Laïcs à la Charge Pastorale*, p. 438. Para uma distinção entre participação política e teológica, cf. I. Naurois, "La Participation dans les Institutions Temporelles et dans l'Église", p. 109-111. Para saber da relação entre elas, cf. C. Béraud, "La Participation des Laïcs à la Vie Ecclésiale. Approche Comparée avec les Modalités d'Engagement en Milieu Associatif Profane", p. 7-27.

o próprio cenário brasileiro. Este ainda se mostra em processo de maturação.

A título de exemplificação dos limites e desafios existentes a serem transpostos, citamos o âmbito jurídico-canônico. Por um lado, nota-se que o conjunto do II livro do Código em vigor, não se dá conta suficientemente da dimensão comunitária da Igreja.[67] Por outro, nota-se que embora o cânone 129 no §1 estabeleça que somente os que receberam o sacramento da ordem sejam sujeitos hábeis para o exercício da potestade de jurisdição, o §2 dispõe que os fiéis leigos podem cooperar no exercício de tal potestade. Nesse sentido, quando se considera que a Igreja não é somente uma sociedade hierárquica, mas antes de tudo é uma comunhão de vida de todos os batizados, tudo adquire outro sentido.[68] Ainda que seja urgente ampliar a participação do laicato nos processos decisionais da Igreja, vencendo barreiras como aquela posta pelo cânone 129, para sermos verdadeiramente uma comunhão eclesial na qual todos se sintam e sejam de fato responsáveis por ela. Isso nos remeteria à rica *práxis* que delineou a Tradição cristã.[69]

Por fim, em se tratando ainda de perspectivas de participação há um documento que pode ser considerado como um texto-síntese e maduro do percurso que buscamos expor, pois constata os avanços, mas igualmente, os recuos em relação à participação do laicato na Igreja e na sociedade brasileira. Ele indica a direção para se superarem as lacunas ainda presentes em vista de uma participação que seja expressão do laicato como sujeito eclesial.[70]

---

67 Cf. J.-C. Périsset, "La Synodalité au Niveau Paroissial", p. 809. Sobre isso também, cf. A. Antoniazzi, "Estruturas de Participação nas Igrejas Locais", p. 204-208.

68 Cf. L. Spinelli, "Responsabilità Partecipata dei Laici al Consiglio Pastorale", p. 827-831.

69 Cf. L. Örsy, "Il Popolo di Dio", p. 435-439.

70 Cf. CNBB, *Cristãos Leigos e Leigas na Igreja e na Sociedade. Sal da Terra e Luz do Mundo*, Doc 105, [119-135] 80-90.

São situações que exigirão transformações das mais simples às mais complexas para se criar uma nova configuração eclesial que favoreça uma relação de reconhecimento do papel dos leigos, pois

> não é mais possível pensar uma Igreja que não incentive a participação e a corresponsabilidade dos cristãos leigos e leigas na missão [...] Estes devem ser reconhecidos e valorizados, não somente nas equipes de liturgia e de catequese, mas também no ministério teológico, nas coordenações, assembleias de planejamento, conselhos pastorais e econômicos e em outras instâncias de decisão, tendo em vista a missão comum em favor do Reino de Deus. Os planos pastorais diocesanos e paroquiais devem ser pensados, formulados e executados de modo inclusivo e criativo.[71]

E, ao tratar dos encaminhamentos de ações pastorais, o documento faz afirmações importantes no que se refere à participação.[72] Dentre essas, citamos uma que é merecedora de destaque: "Reconhecer a dignidade da mulher e a sua indispensável contribuição na Igreja e na sociedade, ampliando sua presença, especialmente, na formação e nos espaços decisórios [...]".[73]

Por conta de tudo isso, é que nos empenhamos em trazer a lume os contornos da qualificação ou definição teológica e da importância eclesiológica da noção de participação. Afinal, todos sabemos que existe "um desejo vago, impreciso, mas real de participação, desde que se ofereçam instituições críveis. Olhando para o futuro, desafia a Igreja cobrir esse espaço entre o desejo de participação e a falta de confiança nas formas atuais de participação".[74] E todo o esforço que engendrou nosso estudo, desde as primeiras páginas em torno do conceito de participação, visava, em

71 Ibid., [160] 102.
72 Cf. Ibid., [274] 168-172.
73 Ibid., [274] 170.
74 J. B. Libanio, "A Igreja que Sonhamos Construir", p. 802.

última instância, recuperar e colocar em foco sua força de antecipar "metodologicamente a Comunhão com espaços criativos para o povo, os pobres, os excluídos de participação, para se tornarem 'sujeitos' como 'Povo-igreja' e não apenas fiel 'povo da Igreja'".[75]

E à guisa da conclusão de tudo fica evidente que o conceito eclesial de participação não é unívoco nem constante, mas remete para a polissemia de respostas à inquietante exigência de tornar a missão e a responsabilidade eclesial um assunto de todos(as) batizados(as) que formam a Igreja.[76] Obviamente que segundo suas competências e vocação e dentro de um dinamismo orgânico. Ao modo do que se deduz de 1Cor 12, 7-10. Contudo, a efetiva e real participação na Igreja depende de um contínuo processo de conversão capaz de transformar as estruturas institucionais em formas orgânicas nas quais todos os membros tenham direitos e deveres. E para isso requer-se que em tudo haja expressão do que é a Eucaristia para a vida cristã, respeitando e promovendo as diversidades.[77] Afinal de contas, sabemos que

> o discurso da participação sem a prática da participação é um fetiche. Anuncia-se uma verdade teoricamente, mas oculta-se a prática dessa mesma verdade [...] Quando uma das partes toma as decisões em nome do todo, a participação é negada. É lógico que as tomadas de decisões não são iguais, mas todos os participantes, a partir de suas condições, têm parte na ação de decidir.[78]

Em suma, mesmo que aparentemente a luz intensa da participação seja vista às vezes com foco um tanto difuso, ela segue sendo *opus saeculare* dentro da História. E a Igreja no Brasil foi

75 L. C. Susin, "Do 'Amor à Sabedoria' à 'Sabedoria do Amor'. Consciência 'Crítica' em Tempos 'Pós-Críticos'", p. 151-152.
76 Cf. A. Brighenti, "Por uma Evangelização Realmente Nova", p. 83-106.
77 Cf. L. Örsy, "The Conversion of the Churches: Condition of Unity", p. 487.
78 E. Benincá *et al.* "Em Busca das Raízes da Metodologia Histórico-Evangelizadora", p. 26.

capaz de manifestar isso, entre avanços e recuos. Contudo, é inegável que o anseio e a defesa por mais participação permanecem. Afinal, por tudo o que ela significa para a vida cristã e eclesial não se pode renunciar à sua busca. Pois o decisivo do caráter cristão de uma igreja é que suas estruturas e meios devem favorecer a unidade, a fraternidade, a dignidade dos pobres e a participação de todos os seus membros, com base na fé no Deus de Jesus Cristo. Se faltar qualquer um desses elementos, mesmo que ela consiga ter toda estrutura e solidez eclesiástica, faltará ainda algo relevante e decisivo.[79]

Oxalá que este percurso que fizemos tenha servido para corroborar essa convicção, potencializando-nos a usar todos os nossos recursos e mecanismos para garantir uma participação qualificada e responsável de verdadeiros sujeitos eclesiais a serviço do Reino de Deus no mundo.

79 Cf. J. I. González Faus, "Bispos para o Século XXI", p. 365-366.

CONSIDERAÇÕES FINAIS

Depois de termos traçado as grandes linhas históricas da participação, malgrado não sendo exaustiva esta abordagem, é hora de pontuar desse percurso teórico alguns elementos convergentes. Pois, referir-se aos leigos e leigas é tocar na realidade daqueles e daquelas que são numericamente a maioria dos membros do Povo de Deus – chamados de leigos e leigas porque *laos* significa "povo" e *laikós*, por sua vez, "aquele que pertence ao povo". Nesse sentido, embora haja um advento e uma preparação pré-conciliar (autores, obras, reflexões teológicas, movimentos e ações como a Ação Católica) que fomentaram a identidade laical, será o Concílio Vaticano II a referência imprescindível para se tratar desse assunto. Pois foi a partir desse grande acontecimento eclesial que se passou a ter uma visão positiva e nova sobre o laicato. Aliás, será a primeira vez que um Concílio se debruçará para refletir especificamente sobre a vida do laicato (cf. LG IV e AA). Antes disso, os fiéis leigos eram subordinados ou dependentes da hierarquia eclesiástica. Este Concílio irá ressaltar não mais o serviço ou a função que o laicato pode desempenhar, mas a vocação, isto é, a missão específica, única e insubstituível dos leigos e leigas como batizados (cf. LG 33b e AA 33). Missão que é recebida do próprio Cristo e não uma concessão ou delegação dada pela hierarquia, embora uma comunhão harmoniosa com esta seja sempre necessária para não se tender a uma vida sectária e anárquica (cf. AA 24-26).

Desse modo, há toda uma eclesiologia conciliar que contribuiu para fundamentar e dignificar a vida do laicato dentro da Igreja e na sua relação com o mundo (LG 9-17 e GS), sobretudo com base na consciência de que o batismo nos faz todos membros do Povo de Deus e nos confere o sacerdócio comum. Assim, existe neste dom pessoal da salvação de Deus para cada pessoa – o batismo, um elemento profundamente comunitário e social. Todo batizado tem a vocação de ser "sal da terra e luz do mundo" (Mt 5, 13-14)! Essa fundamentação bíblico-teológica resgatou aspectos ricos da tradição eclesial tornando-se incancelável e referência para ulteriores avanços na reflexão e no estudo sobre a vocação laical.Isso posto, percebe-se que a concepção que se tem sobre a Igreja é determinante e definidora para se descobrir o lugar do laicato. O próprio Vaticano II aponta para esse horizonte eclesiológico ao afirmar: "Tudo o que acima foi dito acerca do Povo de Deus vale igualmente para os leigos, religiosos e clérigos" (LG 30a). De sorte que a consciência que emerge do Vaticano II é de que os leigos e leigas são também Igreja a partir do batismo que receberam. Ora, assim, a Igreja conciliar Povo de Deus estabelece uma relação dialogal e de cooperação com o mundo e não mais de condenação deste. Ao mesmo tempo que ela deve evangelizar a sociedade, pois essa é a sua vocação, sabe que também poderá receber elementos edificantes desta para sua vida e missão. Em suma, a definição conciliar apresenta clara e visivelmente qual é a identidade e a vocação do laicato no desempenho da missão da Igreja no mundo (LG 31a). Na esteira disso, o documento conciliar *Apostolicam Actuositatem* – sobre o apostolado dos leigos – destacava os seguintes campos de atuação: as comunidades eclesiais, a família, os jovens, o ambiente social, a ordem nacional e internacional (cf. AA 9-14). Por sua vez, o papa Paulo VI, na *Evangelii Nuntiandi* – sobre a evangelização no mundo contemporâneo – definiu o campo próprio da atividade evangelizadora dos leigos e leigas, como sendo o "mundo vasto e complicado da política, da realidade social, da economia, como também o da cultura, das ciências e das artes, da vida internacional, dos meios de comunicação e ainda outras realidades abertas para a evangelização, como sejam o amor, a família, a educação das crianças e dos adolescentes, o trabalho profissional e o sofrimento [...]" (n. 70). Contudo, em nossos dias é possível perceber um leque ainda mais amplo de campo de missão para o laicato, ou seja, o que se chamou em um passado recente de "areópagos modernos". São aquelas realidades que propiciam diálogo cultural e encontro até mesmo com pessoas que não têm Jesus Cristo como referência de vida. Seriam, por exemplo: a família, o mundo da política, o mundo das políticas públicas, o mundo do trabalho, o mundo da cultura e da educação, o mundo das comunicações, o cuidado com a Casa Comum, as grandes cidades, as migrações, os refugiados políticos ou de guerra ou de catástrofes naturais, a pobreza, o empenho pela paz, o desenvolvimento e a libertação dos povos, sobretudo o das minorias, a promoção da mulher e da criança, a juventude, as escolas, as universidades, a pesquisa científica, as relações internacionais, o turismo, os militares, entre outros (cf. Doc. 105, n. 250-273).

Todavia, depois da trajetória realizada, e que foi marcada e inspirada pelo Vaticano II e por uma crescente consciência eclesial da missão e da identidade dos leigos e leigas, percebe-se que há muito ainda por fazer. Com o papa Francisco temos de admitir que "A tomada de consciência desta responsabilidade laical que nasce do Batismo e da Confirmação, não se manifesta de igual modo em toda a parte; em alguns casos, porque não se formaram para assumir responsabilidades importantes, em outros por não encontrar espaço nas suas Igrejas particulares para poderem exprimir-se e agir por causa de um excessivo clericalismo que os mantém à margem das decisões. Apesar de se notar uma maior participação de muitos nos ministérios laicais, esse compromisso não se reflete na penetração dos valores cristãos no mundo social, político e econômico; limita-se muitas vezes às tarefas no seio da Igreja, sem um empenhamento real pela aplicação do Evangelho na transformação da sociedade" (EG, n. 102).

Ora, justamente por isso, somente à medida que os diversos espaços de atuação supracitados forem levados em conta como oportunidades para o laicato viver sua vocação batismal, poderemos admitir que o projeto evangelizador do papa Francisco de uma "Igreja em saída" vai de fato ganhar configuração e se tornar realidade em nosso meio. Já que, dessa forma, se ultrapassará a fronteira do âmbito tradicional e exclusivamente intraeclesial. Sem com isso depreciar toda a atividade realizada na e para a Igreja, a qual não pode exaurir toda a força e criatividade do laicato em seu agir, mas que tem grande valor e deve continuar a ter. Seguramente que para o laicato alcançar esse patamar qualificativo e genuíno terá antes de assumir o risco de afrontar inúmeros desafios do mundo atual. Contudo, somente dessa forma poderá ocorrer uma dinamicidade e apostolicidade eclesial, ao modo daquilo que a Igreja experimentou em seus primórdios. Por conseguinte, a relevância e pertinência da Igreja aumentará à medida que houver atuação do laicato e dos ministros ordenados naquilo que é próprio de cada ministério, porém, encontrando convergência também nas realidades sociais, que provocam a Igreja a ser mais misericordiosa e mais missionária.Ademais, em se tratando ainda do papel do laicato, ou seja, de sua condição no mundo (laicidade), não se pode perder de vista que seus membros se situam na maioria das vezes em um mundo também laico. Esses fiéis são mulheres e homens de fé que com a própria vida são chamados a testemunharem Jesus Cristo e agirem no espírito do Evangelho para santificar o mundo, isto é, para ajudar o mundo a se tornar melhor.[1] Foi exatamente esse modo de agir e de ser que caracterizou a vida de tantos fiéis cristãos e cristãs ao longo da História do Cristianismo.[2] E nesse tempo em que vivemos talvez uma das áreas que mais esteja carente da presença de leigos e leigas vivendo sua missão coerente e intensamente seja o campo da política. Pois, "A política, tão denegrida, é uma sublime vocação, é uma das formas mais preciosas da caridade, porque busca o bem comum [...]. É indispensável que os governantes e o poder financeiro levantem o olhar e alarguem as suas perspectivas, procurando que haja trabalho digno, instrução e cuidados sanitários para todos os cidadãos" (EG, n. 205). Em última instância, o que mais se espera do laicato hoje, tanto na Igreja como na sociedade, é uma atuação de pessoas adultas na fé e na consciência social. O que caracteriza esse perfil é possuir espírito de abertura e simpatia, de acolhida fraterna, a capacidade de aprender e não só ensinar, de convidar e não condenar, de dialogar com todas as pessoas e com as diversas instâncias (cf. EG, nn. 238-258).

Em razão disso, uma exigência que desponta é de haver, tanto da parte dos próprios fiéis como pelo empenho da hierarquia, uma qualificação/formação dos leigos e leigas para responder à altura os desafios e complexidades hodiernos. Pode parecer pouco, mas isso fará uma diferença sensível e significativa na relação com

1 Cf. A exortação apostólica do papa Francisco: *Gaudete et Exsultate*: Sobre a Santidade no Mundo Contemporâneo.
2 Cf. Antônio Almeida, Leigos em quê. *Uma abordagem histórica.*

a sociedade. Pois, os leigos e leigas que têm uma preparação adequada e se colocam nos diversos campos de atuação profissional passam a ser vistos como representantes legítimos de uma comunidade de fé (Igreja) e como uma presença cristã marcante para as diferentes realidades ao testemunharem a fé em Cristo e se tornam presença de sua Igreja (LG 38). O próprio Documento de Aparecida aponta que "para cumprir sua missão com responsabilidade pessoal, os leigos necessitam de uma sólida formação doutrinal, pastoral, espiritual e um adequado acompanhamento para darem testemunho de Cristo e dos valores do reino no âmbito da vida social, econômica, política e cultural" (DAp 212). Nesse sentido ainda, faz-se mister uma formação que seja integral e distinta em níveis diferentes (cf. Doc. 105, nn. 225-238). Contudo, conforme nos empenhamos em demonstrar ao longo do livro, embora seja o mundo o espaço preponderante para o exercício da vocação laical ("vivem no século, isto é, em todos e em cada um dos ofícios e trabalhos do mundo" [LG 31b]), importa destacar igualmente que, tudo o que é válido na relação do laicato com a sociedade, vale igualmente na relação deste com a Igreja institucional. De maneira que os leigos e leigas devem ter o direito de participação efetiva dentro da comunidade eclesial. Nesse sentido, já estão salvaguardadas, mas ainda não consagradas como prática ordinária e ampla, a presença e atuação dos leigos e leigas nos diversos organismos, tais como: nos "processos de planejamento, decisão e execução da vida eclesial e da ação pastoral por meio de assembleias paroquiais, diocesanas, regionais e nacionais, e dos conselhos pastorais, econômico-administrativo, missionários e outros" (Doc. 105, 274b). Portanto, relegar a participação do laicato primordialmente para o mundo, sem haver incidência e exigência disso também no âmbito eclesial, é insistir unilateralmente no direito que este possui. Até porque os demais membros da Igreja também estão no mundo e não podem realizar sua missão fora dele. Trata-se de uma equação de conjunção harmoniosa, complementária e equilibrada a ser alcançada.Por fim, hoje em dia é sobejamente admitido que "Os leigos não são mais objetos da evangelização, aqueles para quem se destina a ação evangelizadora; ou entendidos como membros passivos na estrutura eclesial. Os leigos, a partir de então, são sujeitos, sujeitos eclesiais".[3] Destarte, resta ainda um longo percurso pela frente para avançarmos mais, mormente no quesito da valorização da presença feminina e juvenil dentro do laicato; na superação do binômio clero-leigos a partir realmente da prática ao se definir e pensar a Igreja em sua missão; e no enfrentamento das diversas formas de clericalismo que persistem nos meios eclesiais e eclesiásticos. Neste último caso particularmente, existe uma forma de clericalismo forjado e praticado até mesmo por setores do próprio laicato. Por isso, nosso esforço foi de corroborar a importância de se conhecer e revisitar a História da participação na vida eclesial, pois ela nos assegura, de forma lúcida, a missão e vocação dos fiéis cristãos e cristãs na Igreja e na sociedade. Esse exercício se constituiu na tomada de consciência dos desafios, mas também de saber captar as oportunidades que nos são dadas (mas isso bem ao contrário do espírito de "*Carpe diem, quam minimum credula postero*", ou seja, de "aproveite o dia de hoje e confie o mínimo possível no amanhã").[4] A meta é na verdade que a Igreja seja de fato expressão da comunhão de todos os batizados e batizadas empenhados na construção do Reino de Deus que começa já neste mundo.

3 César Kuzma, "Leigos". In: *Dicionário do Concílio Vaticano II*, 531.

4 A frase foi escrita por Horácio Flaco (65 a.C.–8 a.C.), poeta e filósofo da Roma Antiga, no livro *Odes*, uma das obras mais importantes da literatura universal.

REFERÊNCIAS

Magistério

Bento XVI. "Abertura do Congresso eclesial da diocese de Roma". Disponível em: <http://w2.vatican.va/content/benedict-xvi/pt/speeches/2009/may/documents/hf_ben-xvi_spe_20090526_convegno-diocesi-rm.html>. Acesso em: 23 nov. 2015.

______. "Congresso Internacional promovido pelo Pontifício Conselho 'Justiça e Paz' para o 50° aniversário da 'Mater et Magistra' de João XXIII". Disponível em: <http://w2.vatican.va/content/benedict-xvi/pt/speeches/2011/may/documents/hf_ben-xvi_spe_20110516_justpeace.html>. Acesso em: 23 nov. 2015.

CELAM, Documento de Aparecida. Texto conclusivo da V Conferência Geral do Episcopado Latino-Americano e do Caribe. São Paulo/Brasília, 2007.

COMISSÃO TEOLÓGICA INTERNACIONAL. "O *Sensus Fidei* na Vida da Igreja (2014)". Disponível em: <http://www.vatican.va/roman_curia/congregations/cfaith/cti_documents/rc_cti_20140610_sensus-fidei_po.html>. Acesso em: 27 mar. 2017.

COMISIÓN TEOLÓGICA INTERNACIONAL. "La Apostolicidad de la Iglesia y la Sucesión Apostólica (1973)". In: C. Pozo, ed., *Documentos 1969-1996*, Madrid 1998, 62-76.

COMPÊNDIO DO VATICANO II, *Constituições – Decretos – Declarações*, Petrópolis, 2000.

CONCÍLIO ECUMÊNICO VATICANO II. "Decretum de Apostolatu Laicorum Apostolicam Actuositatem" (18.11.1965). In: *Enchiridion Vaticanum. Documenti del Concilio Vaticano II*, I, Bologna 198513, 518-577.

CONGREGACIÓN PARA LA DOCTRINA DE LA FE, "El Primado del Sucesor de Pedro en el Misterio de la Iglesia". In: *Documenta*, Madrid 2007, 406-412.

______. "Carta sobre Algunos Aspectos de la Iglesia Considerada como Comunión". In: *Documenta*. Madrid 2007, 364-372.

FRANCISCO. *Evangelii gaudium. A Alegria do Evangelho.* São Paulo, 2013.

______. "Aos bispos responsáveis do Conselho Episcopal Latino-americano (CELAM) por ocasião da reunião geral de coordenação", *SEDOC* 46 (2013) 73-80.

______. "Encontro com o Episcopado Brasileiro", *SEDOC* 46 (2013) 49-60.

______. "Carta do Papa Francisco ao Cardeal Marc Ouellet, Presidente da Pontifícia Comissão para a América Latina (2016)". Disponível em: <http://w2.vatican.va/content/francesco/pt/letters/2016/documents/papa-francesco_20160319_pont-comm-america-latina.html>. Acesso: 10 dez. 2016.

FRANCISCO. "Comemoração do Cinquentenário da Instituição do Sínodo dos Bispos (2015)". Disponível em: <http://w2.vatican.va/content/francesco/pt/speeches/2015/october/documents/papa-francesco_20151017_50-anniversario-sinodo.html>. Acesso em: 27 mar. 2017.

JOÃO PAULO II. "Discurso ao Episcopado Brasileiro em Fortaleza – 10/07/1980". In: *Todos os Pronunciamentos do Papa no Brasil*, São Paulo, 1980.

______. "*Carta Apostólica. Tertio Millennio Adveniente*". Disponível em: <http://gsearch.vatican.va/search?q=cache:GV5dxAa0UsYJ:www.vatican.va/holy_father/john_paul_ii/apost_letters/documents/hf_jp-ii_apl_10111994_tertio-millennio-adveniente_po.html+Tertio+millennio+adveniente&site=default_collection&client=default_frontend&output=xml_no_dtd&proxystylesheet=default_frontend&ie=UTF-8&access=p&oe=ISO-8859-1>. Acesso em: 10 set. 2014.

______. *Carta Encíclica Centesimus Annus*. Disponível em: <http://w2.vatican.va/content/john-paul-ii/pt/encyclicals/documents/hf_jp-ii_enc_01051991_centesimus-annus.html>. Acesso em: 15 out. 2015.

______. *Carta Encíclica Ut Unum Sint*. São Paulo, 1995.

______. *Exortação apostólica pós-sinodal Vita Consecrata. Sobre a vida consagrada e a sua missão na Igreja e no mundo*. São Paulo, 1996.

______. "*Exortação Apostólica Pós-Sinodal Pastores gregis*". Disponível em: <http://w2.vatican.va/content/john-paul-ii/pt/apost_exhortations/documents/hf_jp-ii_exh_20031016_pastores-gregis.html>. Acesso em: 14 out. 2015.

PAULO VI. "*Carta Apóstolica Octogesima Adveniens*". Disponível em: <http://w2.vatican.va/content/paul-vi/pt/apost_letters/documents/hf_p-vi_apl_19710514_octogesima-adveniens.html>. Acesso em: 13 maio 2013.

PAULO VI. *Evangelii Nuntiandi. Sobre a evangelização no mundo contemporâneo.* Disponível em: http://w2.vatican.va/content/paul-vi/pt/apost_exhortations/documents/hf_p-vi_exh_19751208_evangelii-nuntiandi.html. Acesso em: 15 mar. 2018.

PONTIFÍCIO CONSELHO "JUSTIÇA E PAZ". *Compêndio da Doutrina Social da Igreja*. São Paulo, 2011.

Documentos e estudos da CNBB

CNBB, *Missão e Ministérios dos Leigos e Leigas Cristãos: o Serviço à Vida e à Esperança*, Est 77, São Paulo, 1998.

______. *Comunidade de comunidades: uma Nova Paróquia. A Conversão Pastoral da Paróquia*, Doc 100, São Paulo, 2014.

______. *Cristãos Leigos e Leigas na Igreja e na Sociedade*, Est 107, Brasília, 2014.

______. *Cristãos Leigos e Leigas na Igreja e na Sociedade. Sal da Terra e Luz do Mundo (Mt 5, 13-14)*, Doc 105, São Paulo, 2016.

Bibliografia geral

ACERBI, A. "Para uma Nova Forma do Ministério Petrino". In: M. F. DOS ANJOS (ed.). *Bispos para a Esperança do Mundo: uma Leitura Crítica sobre Caminhos de Igreja*, São Paulo, 2000, p. 149-193.

AGUIRRE, R. "Iglesia y Iglesias en el Nuevo Testamento". In: R. AGUIRRE *et al. Ser Cristianos en Comunidad*, Navarra, 1993, p. 13-55.

ALBERIGO, G. "La Collégialité Épiscopale Selon Quelques Théologiens de la Papauté". In: Y. CONGAR (ed.). *La Collégialité Épiscopale. Histoire et Théologie*, Coll. Unam Sanctam 52, Paris, 1965, p. 183-221.

______. "Eclesiologia e Democracia. Convergências e Divergências", *Conc* 243 (1992), p. 635-649.

______ (ed.). *Storia del concilio Vaticano II*, I, Bologna, 1995.

ALMEIDA, A. J. de. *Leigos em Quê? Uma Abordagem Histórica*. São Paulo: Paulinas, 2006.

ANGELINI, G. "Sinodalità e Forme della Coscienza credente". In: ATI (R. BATTOCHIO; S. NOCETI [ed.]). *Chiesa e Sinodalità. Coscienza, Forme, Processi*, Milano, 2007, p. 3-29.

ANTÓN, A. "Principios Fundamentales para una Teología del Laicado en la Eclesiología del Vaticano II". *Greg* 68 (1987), p. 103-155.

______. "Eclesiología Posconciliar: Esperanzas, Resultados y Perspectivas para el Futuro". In: R. LATOURELLE (ed.). *Vaticano II: Balance y Perspectivas*, Salamanca, 1989, p. 275-294.

ANTONIAZZI, A. "Estruturas de Participação nas Igrejas Locais". In: M. F. DOS ANJOS (ed.). *Bispos para a Esperança do Mundo: uma Leitura Crítica sobre Caminhos de Igreja*, São Paulo, 2000, p. 195-236.

______. "Panorama Eclesial com o Papa Francisco". *REB* 75 (2015), p. 990-1006.

ASSOCIAZIONE TEOLOGICA ITALIANA, (M. VERGOTTINI [ed.]). *La Chiesa e il Vaticano II. Problemi di Ermeneutica e Recezione Conciliare*, Milano, 2005.

AUBERT, R. "Durant la Première Moitié du XXe Siècle". In: R. VANDER GUCHT; H. VORGRIMLER (ed.). *Bilan de la Théologie du XXe Siècle*, I, Paris, 1970, p. 423-478.

BARREIRO, A. *Povo Santo e Pecador. A Igreja Questionada e Acreditada*, São Paulo, 1994.

BARROS, P. C. "Colegialidade Episcopal no Vaticano II. O Concílio Convida-nos a Resgatar um Dado Fundamental da Tradição Eclesial". *PerspTeol* 37 (2005), p. 199-224.

______. "A Vida Religiosa Consagrada e a Eclesiologia do Concílio Vaticano II", *Conv* 47 (2012), p. 683-699.

BAUM, G. "Reflexões Teológicas sobre o Poder na Igreja". *Conc* 281 (1999), p. 402- 411.

BENINCÁ, E. *et al.* "Em busca das raízes da metodologia histórico-evangelizadora". In: N. MEZADRI; R. BALBINOT (ed.). *MHE: Metodologia da Ação Evangelizadora: uma Experiência no Fazer Teológico-Pastoral*, Passo Fundo, 2008.

BEOZZO, J. O. "Igreja Particular e Colegialidade Episcopal: Do Vaticano I ao Vaticano II". In: M. H. ARROCHELLAS (ed.). *A Igreja e o Exercício do Poder*. Cadernos do ISER 26, Rio de Janeiro, 1992, p. 121-172.

BERARDINO, A. di. "Percursos de Koinonia nos Primeiros Séculos Cristãos", *Conc* 291 (2001), p. 348-363.

BÉRAUD, C. "La Participation des Laïcs à la Vie Ecclésiale. Approche Comparée avec les Modalités d'Engagement en Milieu Associatif Profane", *MD* 241 (2005), p. 7-27.

BERTONE, T. "Democrazia e Chiesa", *Il Regno. Doc* 55 (2010), p. 131-136.

BINGEMER, M. C. L. "Da Teologia do Laicato à Teologia do Batismo". *PerspTeol* 19 (1987), p. 29-48.

______. "A Mulher na Igreja do Brasil". *Conc* 296 (2002), p. 400-408.

BLACK, A. "Influência do Conceito de Monarquia Absoluta sobre o Modo de Entender e Exercer a Autoridade Papal". *Conc* 77 (1972), p. 936-944.

BOCQUET, P. A. "Du Presbyterium au Conseil Presbytéral". *RDC* 20 (1970), p. 98-108.

BOFF, C. "Uma Análise de Conjuntura da Igreja Católica no Final do Milênio". *REB* 56 (1996), p. 125-149.

BOFF, L. "O Jesus histórico e a Igreja". *PerspTeol* 5 (1973), p. 157-171.

______. *Igreja Carisma e Poder*, Petrópolis, 1982.

BONNET, P. A. "El 'Christifidelis' Recuperado Protagonista Humano en la Iglesia". In: R. LATOURELLE (ed.). *Vaticano II: Balance y Perspectivas. Veinticinco Años Después (1962-1987)*, Salamanca, 1989, p. 357-372.

BOUYER, L. *La Décomposition du Catholicisme*, Paris, 1968.

BRIGHENTI, A. *Reconstruindo a Esperança. Como Planejar a Ação da Igreja em Tempos de Mudança*, São Paulo, 2000.

______. "A Mundialização de Desafios até então Continentais. Interpelações para a Inteligência da Fé Cristã desde o Brasil", *Conc* 296 (2002), p. 382-389.

______. "Prospectivas para a Igreja no Brasil na aurora do terceiro milênio". In: INP (ed.). *Presença Pública* da Igreja no Brasil (1952-2002): Jubileu de Ouro da CNBB, São Paulo, 2003, p. 535-543.

BRIGHENTI, A. "Sinodalidade Eclesial e Colegialidade Episcopal. A Relevância Ofuscada das Conferências Episcopais Nacionais", *REB* 72 (2012), p. 862-886.

______. "Por uma Evangelização Realmente Nova", *PerspTeol* 45 (2013), p. 83-106.

CAGNY, O. de. "La Notion de Participation dans l'Euchologie du Missel Romain", *MD* 241 (2005), p. 121-135.

CALIMAN, C. "A Eclesiologia do Concílio Vaticano II e a Igreja do Brasil". In: P. S. L. GONÇALVES; V. I. BOMBONATTO (ed.). *Concílio Vaticano II. Análise e Prospectivas*. São Paulo, 2004, p. 229-248.

CAMPANINI, G. "Ruolo e Responsabilità dei Laici nella Chiesa. La 'profezia' delle 'cinque piaghe'", *OrientPast* 56 (2008), p. 10-16.

CARDINAL SUENENS. *La Coresponsabilité dans l'Église d'Aujourd'hui*, Paris, 1968.

CARLINI, A. "Partecipazione", *EF*, p. 292-297.

CARRIER, H. "Comment Gouverner des Communautés en Évolution?", Suppl 24 (1971), p. 375-392.

CARTAGENAS, A. "O Abuso de Poder na Igreja: seu Impacto na Identidade, na Reciprocidade e nas Relações Familiares". In: J. F. KEENAN (ed.). *Ética Teológica Católica: Passado, Presente e Futuro*. Aparecida, 2015, p. 325-338.

CASTILLO, J. M. "Sacerdocio, episcopado, papado". In: I. ELLACURIA; J. SOBRINO (ed.), *Mysterium Liberationis*, II, Madrid, 1990, p. 295-317.

CETEDOC. UNIVERSITAS CATHOLICA LOVANIENSIS LOVANII NOVI. *Thesaurus Conciliorum Œcumenicorum et Generalium Ecclesiae Catholicae*, Corpus Christianorum,

Thesaurus Patrum Latinorum. Supplementum, Series A – Formae, Turnhout, 1996.

CIPOLINI, P. C. "A Igreja e seu Rosto Histórico. Modelos de Igreja e Modelo de Igreja na Cidade", *REB* 61 (2001), p. 825-853.

CIPRIANO. *Obras de San Cipriano*. BAC 241, Madrid, 1964.

______. *Ep.* [XIV,5] 688. In: *PL* 54, p. 674.

CITRINI, T. "La Questione Teologica dei Ministeri". In: G. ANGELINI *et al. I Laici nella Chiesa*, Leumann, 1986, p. 57-72.

______. "Il Nome del Laico", *RAt* 54 (2009), p. 197-204.

CLÉMENTE DE ROME. *Épître aux Corinthiens*, Sources Chrétiennes 167, Paris, 1971.

CLERCK, P. de. "'Lex Orandi et Lex Credendi'. Sens Original et Avatars Historiques d'un Adage Équivoque", *QL* 59 (1978), p. 193-212.

CODINA, V. "Tres Modelos de Eclesiología", *EstEcl* 58 (1983), p. 55-82.

______. *Para Comprender la Eclesiologia desde America Latina*, Navarra, 2002.

S. COELESTINI I PAPAE, PL 50.

COLOM, E. "Democrazia", *DEc*, p. 403-409.

COMBLIN, J. "Depuis la Fin du Pontificat de Pie XII". In: R. VANDER GUCHT ; H. VORGRIMLER (ed.). *Bilan de la Théologie du XXe Siècle*, I, Paris, 1970, p. 479-496.

______. *Vocação para a Liberdade*. São Paulo, 1998.

______. "Origem e Figura do Bispo na Tradição Eclesial". In: M. F. DOS ANJOS (ed.). *Bispos para a Esperança do Mundo. Uma Leitura Crítica sobre Caminhos de Igreja*, São Paulo, 2000, p. 27-73.

______. *O Povo de Deus*, São Paulo, 2002.

COMBLIN, J. "Olhando para o Horizonte", *REB* 65 (2005), p. 831-857.

______. "As Grandes Incertezas na Igreja Atual", *REB* 67 (2007), p. 36-58.

______. *Jesus, Enviado do Pai*, São Paulo, 2009.

CONGAR, Y. M.-J. *Jalons pour une Théologie du Laïcat*, Paris, 1953.

______. "Quod Omnes Tangit ab Omnibus Tractari et Approbari Debet", *RHDF* 36 (1958), p. 210-259.

______. "L'Ecclésiologie, de la Révolution Française au Concile du Vatican, sous le Signe de l'Affirmation de l'Autorité". In: M. NÉDONCELLE *et al. L'Ecclésiologie au XIX*[e] *Siècle*, Unam Sanctam 34, Paris, 1960, p. 77-114.

______. "La Hiérarchie comme Service Selon le Nouveau Testament et les Documents de la Tradition". In: Id.; B. D. DUPUY (ed.). *L'Épiscopat et l'Église Universelle*, Coll. Unam Sanctam 39, Paris, 1962, p. 67-99.

______. "Quelques Expressions Traditionnelles du Service Chrétien". In: Id.; B. D. DUPUY (ed.). *L'Épiscopat et l'Église Universelle*, Coll. Unam Sanctam 39, Paris, 1962, p. 101-132.

______. "Le Développement Historique de l'Autorité dans l'Église. Élements pour la Réflexion Chrétienne". In: J. M. TODD (ed.). *Problèmes de l'Autorité*, Coll. Unam Sanctam 38, Paris, 1962, p. 145-181.

______. *Pour une Église Servante et Pauvre*, Paris, 1963.

______. *Sainte Église. Étude et Approches Ecclésiologiques*, Unam Sanctam 41, Paris, 1963.

______. "Notes sur le Destin de l'Idée de Collégialité Épiscopal en Occident au Moyen Age (VIIe-XVIe siècles)". In: Id. (ed.).

La Collégialité Épiscopale. Histoire et Théologie, Coll. Unam Sanctam 52, Paris, 1965, p. 99-129.

______. "Igreja como Povo de Deus", *Conc* 1 (1965), p. 8-26.

______. "L''Ecclesia' ou Communauté Chrétienne, Sujet Intégral de l'Action Liturgique". In: J.-P. JOSSUA; Y. CONGAR (ed.). *La Liturgie après Vatican II: Bilan, Études, Prospective*, Unam Sanctam 66, Paris, 1967, p. 241-282.

______. "Entretien avec le Père Congar". In: Y. CONGAR, *et al. Sept Problèmes Capitaux de l'Église* (Foi et Mythes, Sens du Sacré, Fin du Clergé, Structures Mobiles, Dialogue ou Autorité, Sexualité, Révolution), Paris, 1969, p. 9-15.

______. *L'Église. De Saint Augustin à l'Époque Moderne*, Paris, 1970.

______. "História da Igreja, 'lugar teológico'", *Conc* 57 (1970), p. 886-894.

______. "La Collégialité de l'Épiscopat et la Primauté de l'Évêque de Rome dans l'Histoire", *Angelicum* 47 (1970), p. 403-427.

______. *Ministères et Communion Ecclésiale*, Paris, 1971.

______. "Estrutura ou regime conciliar da Igreja", *Conc* 187 (1983), p. 774-782.

______. *Église et Papauté. Regards Historiques*, Paris, 1994.

______. *Mon Journal du Concile*, I, Paris, 2002.

CORECCO, E. "Parlamento Ecclesiale o Diaconia Sinodale?", *Comm* 1 (1972), p. 32-44.

______. "Partecipazione e Democrazia nella Chiesa", OrientPast 26 (1978), p. 15-26.

COSTANZO, G. *La Costruzione dell'Uomo. Elementi di Antropologia Culturali*. Roma, 1970.

COTTIER, G. "Quella Percezione della Chiesa come 'Luce Riflessa' che Unisce i Padri del Primo Millenio e il Concilio Vaticano II", *30Giorni*, 7/8 (2011), p. 57.

COUESNONGLE, V. de. "Nouvelle Structures de Participation", *Suppl* 24 (1971), p. 393-419.

CUVA, A. "La Participation des Fidèles à la Liturgie Selon la Constitution Sacrosanctum Concilium", *MD* 241 (2005), p. 137-149.

DANIÉLOU, J. "Cristianesimo Primitivo", *ETSM* II, p. 740-743.

DANNEELS, G. "Rapport final". In: *Synode Extraordinaire, Célébration de Vatican II*, Paris, 1986, II, C, 1, p. 549-567.

DEFOIS, G. "Structures de Dialogue, Participation et Co--Responsabilité dans l'Église Actuelle", Études 334 (1971), p. 101-115.

_____. "Critica delle Istituzioni e Domanda di Partecipazione", *CrSt* 2 (1981), p. 45-50.

DEJAIFVE, G. "La Collégialité Épiscopale dans la Tradition Latine". In: Y. CONGAR (ed.). *L'Église de Vatican II*, Unam Sanctam 51c, Paris, 1966, p. 871-890.

_____. *Un Tournant Décisif de l'Ecclésiologie a Vatican II*, Paris, 1978.

DELAHAYE, K. *Ecclesia Mater chez les Pères des Trois Premiers Siècles. Pour un Renouvellement de la Pastorale d'Aujourd'hui*, Unam Sanctam 46, Paris, 1964.

DELOOZ, P. (ed.). "La Participation dans l'Église Catholique", *PMVbfr* 84 (1981), p. 3-37.

DELUMEAU, J. *Le Christianisme Va-t-Il Mourir?*. Paris, 1977.

DEMEL, S. "Espíritu Santo y Oposición (en) la Iglesia: ¿Sólo una Ficción? Carisma y Ministerio Sagrado vistos desde el Punto de Vista Eclesiológico", *SelTeol* 48 (2009), p. 141-150.

DENZLER, G. "Linhas Fundamentais da Eclesiologia no Império Bizantino", *Conc* 67 (1971), p. 851-860.

DIANICH, S. "Como Vai a Eclesiologia?", *Conc* 166 (1981), p. 879-886.

______. "Sinodalità". In: G. BARBAGLIO, G. BOF; S. DIANICH (ed.). *Teologia*. Milano: 2002, p. 1522-1531.

______. "Sinodalità. Riforma Necessaria e Attesa". Disponível em: <http://www.viandanti.org/?p=3977>. Acesso em: 08 out. 2016.

DIAS, R. B. "Desafios de uma Igreja Participativa", *Conv* 33 (1998), p. 605-613.

DÍAZ BORDENAVE, J. E. *O que é Participação*, São Paulo, 1994.

DIBELIUS, O. *Das Jahrhundert der Kirche. Geschichte, Betrachtung, Umschau und Ziele*, Berlin, 1926.

DÍEZ-ALEGRÍA, J. M. "Manipulação e Liberdade na Igreja", *Conc* 65 (1971), p. 607-613.

DORTEL-CLAUDOT, M. *Les Structures de Gouvernement et de Participation des Congrégation Religieuses*, Paris, 1984.

DUCOS, M. *Les Relations Humaines dans l'Église*, Paris, 1965.

______. *Gouvernement et Efficacité dans l'Église. Analyse et Prospective*, Paris, 1969.

DULLES, A. *A Igreja e seus Modelos*, São Paulo, 1978.

______. "A Eclesiologia Católica desde o Vaticano II", *Conc* 208 (1986), p. 665-676.

DUPONT, J. "L'Union entre les Premiers Chrétiens dans les Actes des Apotres", *NRTh* 91 (1969), p. 897-915.

DURÀ, N. "Le Régime de la Synodalité dans les Huit Premiers Siècles. Les Types de Synodes. In: *La Synodalité. La Participation au Gouvernement dans l'Église. L'Année Canonique*,

Hors série, I, Actes du VIIe congrès international de Droit canonique, Paris, 1992, p. 267-283.

ELLENA, A. "Comunità Ecclesiale e Comunità Locale", *AnSoc* 1 (1972), p. 54-70.

ENO, R. B. "Shared Responsability in the Early Church", *ChiSt* 9 (1970), p. 129-141.

ESTRADA, J. A. "Pueblo de Dios". In: I. ELLACURIA; J. SOBRINO (ed.). *Mysterium Liberationis*, II, Madrid, 1990, p. 175-188.

_____. *Para Compreender como Surgiu a Igreja*, São Paulo, 2005.

EYT, P. "Vers une Église Démocratique?", *NRTh* 91 (1969), p. 597-613.

FAIVRE, A. *Naissance d'une Hiérarchie. Les Premiéres Étapes du Cursus Clérical*, Paris, 1977.

_____. *Os leigos nas origens da Igreja*, Petrópolis, 1992.

FARINA, R. "La Chiesa Antica Modello di Riforma", *Salesianum* 38 (1976), p. 593-612.

FLAMAND, J. *Saint Pierre Interroge le Pape*, Paris, 1970.

FLORISTÁN, C. "Modelos de Igreja Subjacentes à Ação Pastoral", *Conc* 196 (1984), p. 787-795.

_____. "A Escolha dos Bispos". In: M. F. DOS ANJOS (ed.). *Bispos para a Esperança do Mundo: uma Leitura Crítica sobre Caminhos de Igreja*, São Paulo, 2000, p. 257-271.

FRIES, H. "Modificação e Evolução Histórico-Dogmática da Imagem da Igreja". In: J. FEINER; M. LÖHRER (ed.). *Mysterium Salutis*, IV. Petrópolis, 1975, p. 5-59.

FRISQUE, J. "L'Ecclésiologie au XXe Siècle". In: R. V. GUCHT; H. VORGRIMLER. *Bilan de la Théologie du XXe Siècle*, II. Tournai-Paris, 1970, p. 412-456.

FROSINI, G. *Una Chiesa di Tutti. Sinodalità, Partecipazione e Corresponsabilità*, Bologna, 2014.

GAILLARDETZ, R. R. "Eclesiología de Comunión y Estructuras Eclesiásticas. Hacia la Renovación del Ministerio Episcopal", *SelTeol* 34 (1995), p. 109-123.

GASSMANN, G. "La Sinodalità e il Cammino Ecumenico delle Chiese". In: ATI (R. BATTOCHIO; S. NOCETI [ed.]). *Chiesa e Sinodalità. Coscienza, Forme, Processi*. Milano, 2007, p. 109-128.

GAUDEMET, J. "Sur la Co-Responsabilité", *ACan* 17 (1973), p. 533-541.

______. *L'Église dans l'Empire Romain (IVᵉ –Vᵉ siècles)*, Paris, 1989.

GIRAUDO, C. *Num só Corpo. Tratado Mistagógico sobre a Eucaristia*, São Paulo, 2003.

GNILKA, J. *I primi Cristiani: Origini e Inizio della Chiesa*, Brescia, 2000.

GONZÁLEZ FAUS, J. I. *La Lógica del "Reinado de Dios"*. Santander, 1991.

______. *"Ningún Obispo Impuesto" (S. Celestino papa). Las Elecciones Episcopales en la Historia de la Iglesia*. Santander, 1992.

______. *A Autoridade da Verdade. Momentos Obscuros do Magistério Eclesiástico*. São Paulo, 1998.

______. "Bispos para o Século XXI", *PerspTeol* 32 (2000), p. 363-375.

______. *¿Para qué la Iglesia?*. Quaderno 121, 14. Disponível em: <https://cristianismeijusticia.net/es/quaderns>. Acesso em: 12 out. 2015.

GRESHAKE, G. *Il Dio Unitrino. Teologia Trinitaria*, Brescia, 2000.

GROOTAERS, J. "El Laico en el Seno de una Iglesia Comunion", *PMVbesp* 106 (1986), p. 1-43.

GUILMOT, P. *Fin d'Une Église Cléricale?*, Paris, 1969.

HAMER, J. *L'Église est une Communion,* Paris, 1962.

HAMMAN, A. *La Vie Quotidienne des Premiers Chrétiens (95-197)*, Paris, 1971.

HAUSER, H. *L'Église à l'Âge Apostolique*. Lectio Divina 164, Paris, 1996.

HEINZ, H. "Democracia en la Iglesia. Corresponsabilidad y Participación de todos los Bautizados", *SelTeol* 35 (1996), p. 163-172.

HENN, W. *The Honor of my Brothers: a Short History of the Relation Between the Pope and the Bishops*, New York, 2000.

HERCSIK, D. *Elementi di Teologia Fondamentale. Concetti, Contenuti, Metodi*, Bologna 2006.

______. *Elementi di Teologia Fondamentale. Concetti, Contenuti, Metodi*, Bologna, 2006.

HERTLING, L. *Communio. Chiesa e Papato nell'Antichità Cristiana*. Roma, 1961.

HILBERATH, B. J. "La Iglesia como 'Communio': ¿Fórmula Mágica o Programa de Acción?", *SelTeol* 34 (1995), p. 15-23.

HIPPOLYTE DE ROME. *Tradition Apostolique*. Sources Chrétiens 11bis, II, Paris, 1968.

HOFFMANN, P. *A Herança de Jesus e o Poder na Igreja. Reflexão sobre o Novo Testamento*, São Paulo, 1998.

HOORNAERT, E. *A Memória do Povo Cristão*. Uma história da Igreja nos Três Primeiros Séculos. Petrópolis, 1986.

______. As Comunidades Cristãs dos Primeiros Séculos. In: J. PINSKY; C. B. PINSKY (ed.). *História da Cidadania*, São Paulo, 2005, p. 81-95.

HOORNAERT, E. "O bispo de Roma". In: J. D. PASSOS; A. M. L. SOARES (ed.). *Francisco: Renasce a Esperança*, São Paulo, 2013, p. 145-162.

HOUTART, F. "Conflicts of Authority in the Roman Catholic Church", *SocComp* 16 (1969), p. 309-325.

IERSEL, B. van. "Quem tem, Segundo o Novo Testamento, a Palavra Decisiva na Igreja?", *Conc* 168 (1981), p. 1042-1049.

IGNÁCE D'ANTIOCHE. *Lettres*. Sources Chrétiennes 10, Paris, 1969.

ISTITUTO PER LE SCIENZE RELIGIOSE (ed.). *Conciliorum Œcumenicorum Decreta*. Bologna, 1991.

JEAN CHRYSOSTOME. *Sur le sacerdoce*. Sources Chrétiennes 272, Paris, 1980.

KARRER, O. "Ministère. II. Étude Historique", *EncF*, p. 76-85.

KASPER, W. *Teologia e Chiesa*, Brescia, 1989.

______. "La Iglesia como Comunión: un Hilo Conductor en la Eclesiología del Vaticano II", *Comm* 13 (1991), p. 50-64.

KEHL, M. "¿Hacia dónde va la Iglesia?", *SelTeol* 35 (1996), p. 83-92.

KHANNA, P. *Connectography. Mapping the Future of Global Civilization*. New York, 2016.

KLOPPENBURG B. *O Cristão Secularizado*. Petrópolis, 1970.

______. *A Eclesiologia do Vaticano II*. Petrópolis, 1971.

KOESTER, H. *Introdução ao Novo Testamento*, II, *História e Literatura do Cristianismo Primitivo*. São Paulo, 2005.

KOMONCHAK, J. "La Realizzazione Locale della Chiesa". In: G. ALBERIGO; J.-P. JOSSUA (ed.). *Il Vaticano II e la Chiesa*. Brescia, 1985, p. 107-125.

KÜNG, H. *Structures de l'Église*, Paris, 1963.

______. "La Participation des Laics aux Décisions dans l'Église. Une Lacune dans de Décret sur l'Apostolat des Laïcs". In: Y. CONGAR (ed.). *L'Apostolat des Laïcs*. Coll. Unam Sanctam 75, Paris, 1970, p. 285-308.

______. *Cristianesimo. Essenza e Storia*. Milano, 1997.

KUZMA, C. "Leigos". In: PASSOS, J.D.; SANCHEZ, W.L. (org.). *Dicionário do Concílio Vaticano II*. São Paulo: Paulus/Paulinas, 2015, p. 527-533.

LA DOCTRINE DES DOUZE APÔTRES. *Sources Chrétiennes* 248, Paris, 1978.

LAMBERTS, J. "Active Participation as the Gateway Towards an Ecclesial Liturgy". In: C. CASPERS; M. SCHNEIDERS (ed.). *Omnes Circumadstantes. Contributions Towards a History of the Role of the People in the Liturgy: presented to Herman Wegman on the occasion of his retirement from the chair of History of liturgy and theology in the Katholieke Theologische Universiteit Utrecht*. Kampen, 990, p. 234-261.

______. "L'Évolution de la Notion de 'Participation Active' dans le Mouvement Liturgique du XXe Siècle", *MD* 241 (2005), p. 77-120.

LÉCUYER, J. "Collégialité Épiscopale Selon les Papes du Ve siècle". In: *La Collégialité Épiscopale. História e Teologia*, Unam Sanctam 52. Paris, 1965, p. 41-57.

LEGRAND, H.-M. "O Sentido Teológico das Eleições Episcopais segundo seu Desenrolar na Igreja Antiga", *Conc* 77 (1972), p. 876-885.

______. "Synodes et Conseils de l'Après-Concile", *NRTh* 98 (1976), p. 193-216.

LEGRAND, H.-M. "Communion Ecclésiale et Eucharistie aux Premiers Siècles", *ACan* 25 (1981), p. 136-143.

______. "O Ministério do Papa. Primado e Colegialidade no Vaticano II". In: M. F. DOS ANJOS (ed.). *Bispos para a Esperança do Mundo: uma Leitura Crítica sobre Caminhos de Igreja*. São Paulo, 2000, p. 99-127.

LEGRAND, H.-M. "La Sinodalità al Vaticano II e Dopo il Vaticano II. Un'Indagine e una Riflessione Teologica e Istituzionale". In: ATI (R. BATTOCHIO; S. NOCETI [ed.]). *Chiesa e Sinodalità. Coscienza, Forme, Processi*, Milano, 2007, p. 67-108.

LEMAIRE, A. "Dos Serviços aos Ministérios. Os Serviços Eclesiásticos nos Dois Primeiros Séculos", *Conc* 80 (1972), p. 1265- 1277.

SAN LEONE MAGNO. *Omilie. Lettere di San Leone Magno*. Torino, 1969.

LEONIS MAGNI. *Opera Omnia*. PL 54.

LIBANIO, J. B. *Cenários da Igreja*, São Paulo, 2000.

______. "A Igreja que Sonhamos Construir", *REB* 65 (2005), p. 787-816.

______. *Concílio Vaticano II. Em busca de uma primeira compreensão*, São Paulo, 2005.

______. "Concílio Vaticano II. Os Anos que se Seguiram". In: A. LORSCHEIDER *et al. Vaticano II: 40 Anos Depois*. São Paulo, 2005, p. 71-88.

______. *Introdução à Vida Intelectual*. São Paulo, 2006.

LORSCHEIDER, A. "Uma Possível Conferência Nacional de Cristãos Leigos", *REB* 55 (1995), p. 515-524.

MACCISE, C. "A Violência na Igreja". *Conv* 39 (2004), p. 121-128.

MAGNANI, G. "La Llamada Teología del Laicado ¿Tiene un Estatuto Teologíco?". In: R. LATOURELLE (ed.). *Vaticano II: Balance y Perspectivas. Veinticinco Años Después (1962-1987)*, Salamanca, 1989, p. 373-409.

MAGNO, G. *Vita di San Benedetto. La Regola*, Milano, 1997.

MAILLET, T. *Génération Participation. De la Société de Consommation à la Société de Participation*, Paris, 2007.

MAROT, H. "Unité de l'Église et Diversité Géographique aux Premiers Siècles". In: Y. CONGAR; B.-D. DUPUY (ed.). *L'Épiscopat et l'Église Universelle*, Unam Sanctam 39, Paris, 1962, p. 565-590.

______. "Descentralização Estrutural e Primado na Igreja Antiga", *Conc* 7 (1965), p. 13-23.

MATTAI, G. "Per una Società Partecipata", *RTeolMor* 6 (1974), p. 99-115.

MAZZA, E. "La Partecipazione Attiva alla Liturgia e l'Efficacia dei Sacramenti", *RCI* 90 (2009), p. 51-67.

MCKENZIE, J. *L'Autorità nella Chiesa. Esame Critico e Nuove Prospettive*, Torino, 1969.

MACRAE, G. W. "Shared Responsibility: Some New Testament Perspectives", *ChiSt* 9 (1970), p. 115-127.

MEEKS, W. A. *I Cristiani dei Primi Secoli: il Mondo Sociale dell'Apostolo Paolo*. Bologna, 1992.

MELO, J. R. de. "A Participação da Assembléia dos Fiéis na Celebração Eucarística ao longo da História: E-volução ou In-volução?", *PerspTeol* 32 (2000), p. 187-220.

METZGER, M. "Les Leçons de la Tradition", *RDC* 49 (1999), p. 9-37.

MEULENBERG, L. "A Discussão Aberta na Igreja Antiga", *REB* 45 (1985), p. 16-31.

MINNERATH, R. *Le Droit de l'Église à la liberté. Du Syllabus à Vatican II*, Paris, 1982.

MIRANDA, M. F. *Igreja e Sociedade*. São Paulo, 2009.

______. "É possível um sujeito eclesial?", *PerspTeol* 43 (2011), p. 55-82.

______. *A Igreja que somos nós*, São Paulo, 2013.

MOLINARO, A. "Partecipazione", *EF*, p. 8341-8347.

MONDONI, D. *História da Igreja na Antiguidade*, São Paulo, 2001.

MONLÉON, A.-M. de. Sacrosanctum Concilium, Quarante ans Après. Disponível em: <http://www.liturgiecatholique.fr/Sacrosanctum-Concilium-Quarante.html?artsuite=1>. Acesso em: 18 nov. 2011.

MOOG, F. *La Participation des Laïcs à la Charge Pastorale*, Paris, 2010.

MORESCHINI, C.; NORELLI, E. *Manual de Literatura Cristã Antiga Grega e Latina*, Aparecida, 2005.

MOULIN, L. *Le Monde Vivant des Religieux*, Paris, 1964.

NAUROIS, L. "La Participation dans les Institutions Temporelles et dans l'Église", *RDC* 20 (1970), p. 109-127.

NICHOLS, T. L. *That All May Be One: Hierarchy and Participation in the Church*, Collegeville, 1997.

NOCENT, A. "Partecipazione", *DCEVS*, p. 1565-1568.

OBRIST, W. "A Hierarquia de Ordem: uma Barreira para a Democratização da Igreja Católica", *Conc* 243 (1992), p. 650-661.

OCHOA SANZ, N. X. *Index Verborum cum Documentis Concilii Vaticani Secundi*, Roma, 1967.

O'MEARA, T. "Modelos Filosóficos en Eclesiología", *SelTeol* 19 (1980), p. 80-91.

OÑATIBIA, I. "La Corresponsabilidad en la Iglesia de los Tres Primeros Siglos", *Lumen* 18 (1969), p. 205-224.

ÖRSY, L. "The Conversion of the Churches: Condition of Unity. A Roman Catholic Perspective", *America* 166 (1992), p. 479-487.

______. "Il Popolo di Dio", *RAt* 54 (2009), p. 435-439.

PALÁCIO, C. "A Igreja na Sociedade. Para uma Interpretação da 'Consciência' e da 'Práxis' Atuais da Igreja no Brasil". In: Id., ed., *Cristianismo e História*, São Paulo, 1982, p. 307-350.

______. "Da Autoridade na Igreja. Formas Históricas e Eclesiologias Subjacentes", *PerspTeol* 19 (1987), p. 151-179.

______. "A Originalidade Singular do Cristianismo", *PerspTeol* 26 (1994), p. 311-339.

PASSOS, J. D. "O Papa Francisco e a Cúria Romana", *REB* 75 (2015), p. 958-989.

PENNA, R. *Il DNA del Cristianesimo. L'Identità Cristiana allo Stato Nascente*, Milano, 2004.

PEREIRA, A. S. "Participação dos Leigos nas Decisões da Igreja à luz do Vaticano I e II", *REB* 50 (1990), p. 93-116.

PÉRISSET, J.-C. "La Synodalité au Niveau Paroissial". In: *La Synodalité. La Participation au Gouvernement dans l'Église. L'Année Canonique, Hors série*, II, Actes du VIIe congrès international de Droit canonique, Paris 1990, p. 805-814.

PESCH, R. "Structures du Ministère dans le Nouveau Testament", *Istina* 16 (1971), p. 437-452.

PIÉ-NINOT, S. *Eclesiología. La Sacramentalidad de la Comunidad Cristiana*, Salamanca, 2009.

POTTMEYER, H. J. "Continuità e Innovazione nell'Ecclesiologia del Vaticano II", *CrSt* 2 (1981), p. 71-95.

______. *Towards a Papacy in Communion: Perspectives from Vatican Councils I and II*, Nova Iorque, 1998.

______. *Il Ruolo del Papato nel Terzo Millennio*, Brescia, 2002.

PRÉTOT, P. "Retrouver la 'Participation Active' une Tâche pour Aujourd'hui", *MD* 241 (2005), p. 151-177.

PROVOST, J. H. "Perspectivas de uma Igreja 'Democratizada'", *Conc* 243 (1992), p. 762-776.

PUNTEL, L. B. "Partecipazione", *ETSM* VI, p. 140-147.

PUZA, R. "Démocratie et Synode: le Principe Synodal dans une Perspective Historique, Théologique et Canonique", *RDC* 49 (1999), p. 125-140.

QUIROZ MAGAÑA, A. "Eclesiología en la Teologia de la Liberación". In: I. ELLACURIA; J. SOBRINO (ed.). *Mysterium Liberationis. Conceptos Fundamentales de la Teología de la Liberación*, I. Madrid, 1990, p. 253-272.

RAHNER, K. "¿Democracia en la Iglesia?", *SelTeol* 8 (1969), p. 193-201.

RATZINGER, J. "La collégialité Épiscopale, Développement Théologique". In: Y. CONGAR (ed.). *L'Église de Vatican II*, Unam Sanctam 51c. Paris, 1966, p. 763-790.

______. *Il Nuovo Popolo di Dio*, Brescia, 1984.

TER REEGEN, O. "Direitos do Laicado", *Conc* 38 (1968), p. 15-25.

EESE, T. J. "Reformar el Vaticano. Lo que la Iglesia Puede Aprender de Otras Instituciones", *SelTeol* 48 (2009), p. 291-295.

REMY, J. "Innovations et Développement des Structures. Les Problèmes que Pose l'Institutionalisation", *LV.F* 24 (1969), p. 201-228.

RIGAL, J. *L'Ecclésiologie de Communion. Son Évolution Historique et ses Fondements*, Paris, 1997.

RÍO, M. P. "Ekklēsía", *DEc*, p. 601-607.

RÍUS-CAMPS, J. "Diversificación de los Ministerios en el Área Siro-Helenística: de Ignácio de Antioquia a las Constituciones Apostólicas". In: J. MATEOS *et al. Teología y Magisterio*, Salamanca, 1987, p. 75-113.

RIVA, C. *La Partecipazione nella Chiesa*, Roma, 1970.

ROCHE, J. *Liberté du Chrétien, Autorité de l'Église*, Lyon, 1972.

ROQUES, R. "*L'Univers Dionysien: Structure Hiérarchique du Monde Selon le Pseudo-Denys*, Paris, 1954.

RORDORF, W.; TUILIER, A. "Introduction". In: *La Doctrine des Douze Apôtres*, *Sources Chrétiennes* 248, Paris, 1978, p. 11-128.

ROTA, G. "'Popolo di Dio'. Chiesa e Storia nel Concilio Vaticano", *RCI* 87 (2006), p. 642-652.

ROUSSEAU, O. "La Doctrine du Ministère Épiscopal et Ses Vicissitudes dans l'Église d'Occident. In: Y. CONGAR; B. D. DUPUY (ed.). *L'Épiscopat et l'Église Universelle*, Paris, 1962, p. 296-308.

ROUTHIER, G. "'Église Locale' ou 'Église particulière': Querelle Sémantique ou Option Théologique?", *StCan* 25 (1991), p. 278-334.

______. "La Synodalité de l'Église Locale", *StCan* 26 (1992), p. 111-161.

______. *Les Pouvoirs dans l'Église. Étude du Gouvernement d'une Église Locale: l'Église de Québec*, Montréal/Paris, 1993.

______. *Le Défi de la Communion. Une Relecture de Vatican II*, Montréal/Paris, 1994.

______. "Associer les Laïques au Gouvernement de l'Église", *LV.F* 53 (1998), p. 161-169.

ROUTHIER, G. "L'Église Catholique entre Participation et Technocratie", *RDC* 49 (1999), p. 85-103.

______. "La Liturgie aux Prises avec un Monde et une Église en Mutation", *MD* 260 (2009), p. 153-181.

ROVIRA BELLOSO, J. M. "La Iglesia Realizada como Auténtica Comunidad. Hacia una Alternativa Evangélica y Válida para Hoy", *Iglesia Viva* 67/68 (1977), p. 41-67.

RUBERT, A. "Os bispos do Brasil no Concílio Vaticano I", *REB* 29 (1969), p. 103-120.

______. *Igreja no Brasil. Expansão Territorial e Absolutismo Estatal (1700-1822)*, III, Santa Maria, 1988.

RUGGIERI, G. "I Sinodi Tra Storia e Teologia". In: ATI (R. BATTOCHIO; S. NOCETI [ed.]), *Chiesa e Sinodalità. Coscienza, Forme, Processi*. Milano, 2007, p. 129-161.

RUIZ DE GOPEGUI. "O Concílio Vaticano II Quarenta Anos Depois", *PerspTeol* 37 (2005), p. 11-30.

SARTORI, L. "Quais os Critérios para um Adequado Recurso ao 'Sensus Fidelium'", *Conc* 168 (1981), p. 1101-1107.

SCHATZ, K. *Il Primato del Papa: la sua Storia Dalle Origini ai Nostri Giorni*. Brescia, 1996.

SCHICKENDANTZ, C. "Hacia una Reforma Institucional. El Debate sobre la 'Democratización' de la Iglesia". Disponível em: <www.san-pablo.com.ar/vidapastoral/?seccion=articulos&id=167>. Acesso em: 11 maio 2011.

SCHILLEBEECKX, E. *L'Église du Christ et l'Homme d'Aujourd'hui Selon Vat. II*, 1965.

______. "Ministérios na Igreja dos Pobres", *Conc* 196 (1984), p. 819-831.

SCHILLEBEECKX, E. *Per una Chiesa dal Volto Umano. Identità Cristiana dei Ministeri nella Chiesa*, Brescia, 1986.

SCHLETTE, H. R. "Partecipazione", *DT*, p. 550-558.

SCHNACKENBURG, R. "Participação da Comunidade por Consenso e Eleição no Novo Testamento", *Conc* 77 (1972), p. 856-865.

______. *Origine e Senso della Chiesa. Raccolta di Scritti Sul Nuovo Testamento*, I, Milano, 1973.

SCHWEIZER, E. "La Comunità di Siria". In: Id.; A. DÍEZ MACHO. *La Chiesa Primitiva*, Brescia, 1980, p. 33-53.

SEMMELROTH, O. "L'Église, Nouveau Peuple de Dieu". In: Y. M.-J. CONGAR (ed.). *L'Église de Vatican II*, Unam Sanctam 51b, Paris, 1967, p. 395-409.

SESBOÜÉ, B. *Pour une Théologie Œcuménique*. Paris, 1990.

______. *Le Magistère à l'Épreuve. Autorité, Verité et Liberté dans l'Église*, Paris, 2001.

______. *De Quelques Aspects de l'Église*, Paris, 2011.

SILVA, A. P. *L'Équipe Sacerdotale, Pourquoi Faire? Une Étude de Théologie Pastorale*. Thèse de doctorat présentée à L'école des gradues. Université Laval Faculté de Théologie: Quebec, 1975.

SÖDING, T. *Gesù e la Chiesa. Che Cosa Dice il Nuovo Testamento?*, Brescia, 2008.

SPADARO, A. "Intervista a Papa Francesco", *CivCa* 164 (2013), p. 449-477.

SPINELLI, L. Responsabilità Partecipata dei Laici al Consiglio Pastorale. In: *La Synodalité. La Participation au Gouvernement dans l'Église. L'Année Canonique, Hors série*, II, Actes du VIIe congrès international de Droit canonique, Paris, 1990, p. 827-831.

SULLIVAN, F. A. *From Apostles to Bishops. The Development of the Episcopacy in the Early Church*. New York/Mahwah, N. J., 2001.

SUSIN, L. C. "Do 'Amor à Sabedoria' à 'Sabedoria do Amor'. Consciência 'Crítica' em tempos 'pós-críticos'", *Conv* 41 (2006), p. 142-158.

TAMAYO-ACOSTA, J. J. "El Magisterio de la Comunidad Cristiana: Hacia una Superación del Binômio Iglesia Docente-Iglesia Discente". In: J. MATEOS *et al. Teología y Magisterio*, Salamanca, 1987, p. 229-255.

______. *Fundamentalismos y Diálogo entre Religiones*. Madrid, 2004.

THEISSEN, G. *La Religion des Premiers Chrétiens. Une Théorie du Christianisme Primitif*, Paris, 2002.

______. *Vissuti e Comportamenti Dei Primi Cristiani. Una Psicologia del Cristianesimo Delle Origini*, Brescia, 2010.

THILS, G. *Choisir les Évêques? Élire le Pape?*, Gembloux-Paris, 1970.

TIERNEY, B. "Colegialidade na Idade Média", *Conc* 7 (1965), p. 5-12.

TILLARD, J-M. R. *I Religiosi e il Concilio*, Milano, 1968.

______. *Il Vescovo di Roma*, Brescia, 1985.

______. Église d'Églises, Paris, 1987.

______. *L'Église Locale. Ecclésiologie de Communion et Catholicité*, Paris, 1995.

______. "Comment Accorder Synodalité et Primauté?", *CrSt* 19 (1998), p. 405-417.

TORRES QUEIRUGA, A. *Fim do Cristianismo Pré-Moderno. Desafios para um Novo Horizonte*, São Paulo, 2003.

______. "Volta às Raízes. Renovar-se a partir da Experiência Originária". In: J. M. DA SILVA, *Papa Francisco: Perspectivas e Expectativas de um Papado*, Petrópolis, 2014, p. 26-37.

UNZUETA, A. M. "Democracia y Comunión en la Iglesia", *RF* 240 (1999), p. 153-166.

VALADIER, P. "Quelle Démocratie dans l'Église?", Études 388 (1998), p. 219-229.

______. "O Conceito de *Sensus Fidelium* Caiu em Desuso?". In: J. KEENAN (ed.). *Ética Teológica Católica no Contexto Mundial*. Aparecida, 2010, p. 329-338.

VALDRINI, P. "La Synodalité". In: *La synodalité. La Participation au Gouvernement dans l'Église. L'Année Canonique, Hors Série*, II, Actes du VIIe congrès international de Droit canonique. Paris, 1990, p. 847-860.

VALENTINI, D. *Revisitar o Concílio Vaticano II*. São Paulo, 2011.

VELASCO, R. *La Eclesiología en su Historia*. Valencia, 1976.

______. *A Igreja de Jesus: Processo Histórico da Consciência Eclesial*. Petrópolis, 1996.

VÉLEZ CARO, O. C. "Desafios da Igreja do Século XXI", *REB* 65 (2005), p. 858-873.

VIDAL, J. M.; BASTANTE, J. "As Mudanças (Presentes e Futuras) da Primavera de Francisco". In: J. M. DA SILVA. *Papa Francisco: Perspectivas e Expectativas de um Papado*. Petrópolis, 2014, p. 99-110.

VILELA, A. *La Condition Collégiale des Prêtres au IIIe Siècle*. Paris, 1971.

VITALI, D. *"Sensus fidelium". Una Funzione Ecclesiale di Intelligenza della Fede*. Brescia, 1993.

______. "'Universitas Fidelium in Credendo Falli Nequit' (LG 12). Il Sensus Fidelium al Concilio Vaticano II", *Greg* 86 (2005), p. 607-628.

VODOPIVEC, G. "Collegialità", *DCEVS*, p. 848-865.

______. "Popolo di Dio", *DCEVS*, p. 1610-1644.

VOGEL, C. "Unité de l'Église et Pluralité des Formes Historiques d'Organisation Ecclésiastique du IIIe au Ve Siècle". In: Y. CONGAR ; B.-D. DUPUY (ed.), *L'Épiscopat et l'Église Universelle*. Paris, 1962, p. 591-636.

VORGRIMLER, H. "Democratizzazione nella Chiesa", *NDT*, p. 190-191.

______. "Ecclesiologia di Comunione", *NDT*, p. 238-239.

______. "Partecipazione", *NDT*, p. 501-502.

______. "Sinodo", *NDT*, p. 681.

VOUGA, F. *Il Cristianesimo delle Origini: Scritti, Protagonisti, Dibattiti*. Torino, 2001.

WALDENFELS, H. *Teología Fundamental Contextual*. Salamanca, 1994.

WERBICK, J. *La Chiesa. Un Progetto Ecclesiologico per lo Studio e per la Prassi*. Brescia, 1998.

ZAMPETTI, P. L. *La Società Partecipativa*. Roma, 1981.

FSC
www.fsc.org
MISTO
Papel produzido a partir de fontes responsáveis
FSC® C132240

A marca FSC® é a garantia de que a madeira utilizada na fabricação do papel deste livro provém de florestas que foram gerenciadas de maneira ambientalmente correta, socialmente justa e economicamente viável.

Este livro foi composto com a família tipográfica Adobe Caslon Pro e impresso em papel Pólen Bold 70g/m²
pela **Gráfica Santuário.**